NOTRE OFFRE SPÉCI

SUCCÈS DU LIVRE vous offre des prestatic _____ ou tarologiques d'une valeur de **200 FF**.

Nous vous remercions de régler seulement les frais de gestion et d'envoi : **50 FF**.

Faites votre choix parmi les trois propositions ci-dessous. **Attention : un seul choix par livre.**

1 - THÈME ASTRAL

Portrait ascendant et analyse des planètes dans les signes.

2 - PRÉVISIONS ASTRALES

Prévisions détaillées pour un mois (à votre choix) de l'année 1997 ou 1998.

3 - TIRAGE TAROT

Consultation personnelle de tarot.
Un domaine à votre choix : affectif ou activité ou finances ou santé.

Ces prestations sont réalisées personnellement par Frédéric MAISON BLANCHE.
Pour recevoir celle de votre choix – dans un délai de dix jours environ –, il vous suffit de découper la demande au verso et de l'envoyer, accompagnée de votre chèque à :

Frédéric MAISON BLANCHE
Le Chêne Vert
13760 SAINT CANNAT

COMMANDE

à remplir et à envoyer à Frédéric MAISON BLANCHE

accompagné de votre chèque de **50 FF**

Je vous remercie de me faire parvenir : (cocher la case de votre choix)

1 - THÈME ASTRAL |__|
2 - PRÉVISIONS |__|
3 - TIRAGE-TAROT |__|

Je vous donne mes Noms et adresse : (merci d'écrire en majuscule)

Mr, Mme . . . . Prénom . . . .

Adresse . . . .

. . . .

Code Postal . . . . Ville . . . .

Ma date de naissance est la suivante

|__|__| |__|__| |__|__|__|__| |__|__| |__|__|

  Jour   Mois   Année   Heure   Minutes

Numéro du département de naissance pour la France |__|__|

Ville et pays pour l'étranger . . . .

* Pour le choix TAROT, inscrivez quatre numéros entre 1 et 22 dans les cases

|__| |__| |__| |__|

Puis écrivez votre question en quelques mots. Merci.

. . . .

. . . .

. . . .

Date et signature (obligatoire)

LA
RÉINCARNATION

Frédéric Maison Blanche

LA RÉINCARNATION

ÉDITIONS DE LA SEINE

LA RÉINCARNATION

Cet ouvrage sur la réincarnation vous est présenté à la manière d'un dictionnaire.

Et cela afin que vous trouviez aisément tel mot et son développement qui vous intéressent plus particulièrement.

Mais aussi parce que les thèmes de la vie, de l'après-vie, de l'au-delà de la vie, des autres vies... n'ont ni commencement ni fin. Ils suivent un cycle qui part de l'alpha pour arriver à l'oméga. Autrement dit de A à Z comme le fait un dictionnaire.

LE GUIDE ALPHABÉTIQUE DE LA RÉINCARNATION

AME

ANGE

AU-DELA

AURA

AVANT ET APRES LA VIE

BLEU

CHAMANISME

CLAIRVOYANCE

DESTIN

ENERGIE

ESPRIT

EXPERIENCE

FUTUR

GUERISON

HASARD

HYPNOSE

IMAGINATION

IMMORTALITE

INTUITION

ITINERAIRE

KARMA

MEDITATION

MEDIUM

MEMOIRE

METAPHYSIQUE

METEMPSYCOSE

MIRACLE

MORT

PALINGENESIE

PARAPSYCHOLOGIE

PREDESTINATION

REINCARNATION

RESURRECTION

RETROSPECTIVE

REVE

TEMOIGNAGES

TUNNEL

UNIVERS

VIE

VIES ANTERIEURES

AME

Sceptiques et mécanistes

Pour les **sceptiques** – et pas seulement les incroyants – le mot **âme** définit l'ensemble des activités des cellules humaines. Et cette activité s'arrête le jour où l'assemblage moléculaire – le corps – est détruit.

Il ne reste rien sous quelque forme que ce soit, matérielle ou immatérielle.

Pour les **mécanistes**, comme Poincaré, l'âme n'est qu'un éclair entre deux éternités de nuits.

« La vie, la pensée, la science n'auront été que les étapes d'une belle aventure cosmique, condamnée dès sa naissance parce que trop improbable de pouvoir durer longtemps » (Aujer, *L'Homme microscopique*).

« Le souffle vivant » des chrétiens

Pour les **chrétiens**, l'âme, qui est créée par le souffle de Dieu, est immortelle. Elle est dotée de raison et de libre arbitre. L'âme se développe dans un corps qu'elle quitte après la mort. C'est alors qu'intervient la notion de récompense et de punition selon ce que l'âme a accompli durant sa vie. Le souffle de Dieu rend vivant l'homme ou l'animal.

Dans la Bible, il est écrit :

« Yahvé – Dieu – lui insuffla dans les narines une haleine de vie et l'homme devint vivant... Que la terre produise des vivants selon leur espèce : bestiaux, reptiles, animaux sauvages... » (Genèse).

Mais un glissement de sens a créé une ambiguïté. En

effet, le mot âme dans les textes sacrés désigne tantôt le **souffle de Dieu,** tantôt la vie physique et la **personnalité.**

Ce mot désigne alors le siège des affections, des émotions et des passions, l'unité des tendances et des caractéristiques qui donnent à l'individu ses qualités intellectuelles et morales.

Pour les chrétiens, Dieu, dans son infinie bonté, récompense « l'âme qui a été juste et qu'il tient dans sa main » afin qu'elle ne soit pas atteinte par les tourments de la mort.

Le corps retourne alors à la terre dont il est né, tandis que l'âme, qui n'est que prêtée à l'homme, retourne vers Dieu.

Et la Bible ajoute :

« ...Que ceux qui ont paru mourir aux yeux des insensés... – les insensés étant les incroyants qui restent sur terre – ne doivent pas s'inquiéter... »

Mais il ne suffit pas qu'il y ait foi chrétienne. En effet, Dieu réserve affliction et angoisse – c'est-à-dire l'Enfer – pour l'âme des hommes qui accomplit le mal. En revanche, il accorde récompense – c'est-à-dire le Paradis – pour l'âme des Justes. Entrent dans la catégorie des Justes ceux qui ont été « ...égorgés et décapités à cause de la parole de Dieu... ».

On peut en déduire que pour les chrétiens, l'au-delà existe, Paradis ou Enfer selon le cas, et que l'âme s'y retrouvera pour l'éternité.

« L'âme pensante » de Descartes

L'âme est une « **chose qui pense** ».

Pour Descartes, il y a la « res extensa » autrement dit les réalités spatiales et temporelles, et la « res cogitans », c'est-à-dire les « choses qui pensent » ou les réalités spirituelles qui découlent de l'esprit.

Et il y a opposition entre les deux.

Comprendre l'âme, pour Descartes, résulte d'un travail méthodique. La certitude de l'existence de l'âme est en effet la conclusion de l'application de quatre préceptes :

14

- Avoir des idées claires et distinctes ;
- Analyser ;
- Synthétiser ;
- Dénombrer.

Or, le paradoxe de Descartes est qu'à l'instant où il a obtenu une certitude mathématique universelle sur l'existence et le devenir de l'âme, il se met à douter...

Et « le doute hyperbolique » de Descartes l'oblige une nouvelle fois à penser – donc à être –.

« Le mythe de la réminiscence » de Platon

L'âme est une réalité – ou irréalité ! – spirituelle, indépendante et voyageuse, tombée dans un corps.

Et Platon dit :

« L'âme est immortelle et éternelle. Étincelle du feu divin, elle ne commence ni ne finit.

L'âme qui a connu jadis **le Monde des Idées Souveraines** est prisonnière d'un corps pendant le temps d'une vie. Les chutes – et rechutes – de l'âme des hauteurs de ce Monde idéal, qui ressemble assez au Paradis, dans un organisme mortel se produisent lorsque, pendant son passage terrestre, l'âme s'est laissée corrompre par les faux biens matériels et les apparences sensibles.

L'âme, dans ce cas, est condamnée à vivre des transmigrations terrestres qui peuvent durer dix mille ans.

Par contre, si l'âme a contrôlé les désirs du corps et a réussi à détourner les pulsions de toutes sortes de corruption, elle rejoint, lors de la mort physique, le Monde idéal, le Paradis cosmique, le Ciel des Idées... qu'importe le nom de cet endroit idyllique.

A MEDITER :

« Le monde qui est au-dessus du ciel, aucun poète jusqu'ici ne l'a chanté, aucun ne le chantera jamais dignement. »

« Ce n'est pas la mort qu'il faut redouter, c'est une vie passée dans l'injustice, car ce serait le plus grand des malheurs que de descendre aux enfers, la conscience gonflée de crimes. »

« On ne peut ni échapper aux regards des dieux, ni les contraindre. »

« Il n'y a pas d'âme sans corps » (Aristote)

L'âme résulte d'une activité vitale.

Imaginons que nos yeux contemplent le panorama d'un ciel couchant sur la mer. Lorsque nous fermons les yeux ou que nous tournons le dos au panorama, celui-ci disparaît de notre vision. Mais il existe toujours.

De la même manière l'âme disparaît lorsque le corps meurt.

Or, ce n'est pas toute la vérité. En effet, à l'instant où nous ne voyons plus, réellement – parce que, par exemple, nous avons fermé les yeux – le panorama existe toujours.

Et de la même manière, lorsque l'âme meurt parce que le corps meurt, il reste quelque chose.

Et Aristote dit :

« L'âme n'existe pas sans corps, elle n'est pas le corps, elle est quelque chose du corps. »

Mais il y a une « âme d'un autre genre » appelée le ÑOUS (ce mot se prononce NOUSSE) ou principe de la pensée et de l'intelligence. Ce ÑOUS est immortel. C'est donc l'acte intellectuel, la possibilité de penser – à quelques degrés près identiques chez tous les êtres humains – qui sont immortels. L'âme est ainsi une étincelle d'un Tout intelligent qui nourrit pendant un certain temps le cerveau de l'homme pendant son existence terrestre.

Pour Aristote, l'âme a plusieurs fonctions : la fonction végétative chez les plantes, la fonction sensitive qui s'ajoute à la première chez les animaux, la fonction intellectuelle qui s'ajoute aux deux premières chez l'homme.

Le nombre d'or de l'âme selon Pythagore est le trois

Pour Pythagore, l'âme – qui est composée d'un tiers d'énergie vitale, d'un tiers de Moi et d'un tiers d'esprit – est immortelle.

Elle est malheureusement enveloppée dans une peau charnelle.

Le raisonnement de Pythagore est le suivant : étant donné que l'âme est consciente, elle est responsable de ses actes et de ses décisions. C'est donc bien elle – l'âme – qui détermine son destin en choisissant de vivre de telle ou telle manière. Par là même, c'est toujours l'âme qui choisit le corps dans lequel elle se réincarnera. Il pourra s'agir d'un corps humain, animal ou végétal. L'un des disciples de Pythagore, du nom d'Empédocle, se souvenait d'une de ses réincarnations sous forme de buisson !

L'âme, toujours selon Pythagore, peut et doit se libérer des souillures du corps. Comment ?

En suivant un régime sobre et paisible. Le mode de vie prôné par Pythagore est austère. Il recommande le silence, le recueillement, l'introspection, une alimentation végétarienne sans viande et sans haricots. Cet interdit reste mystérieux !

Pythagore aimait à dire que la chose la plus sage qui soit en notre pouvoir est la médecine, que la chose la plus belle est l'harmonie, que la chose la plus puissante est le savoir et enfin que la chose la meilleure est le bonheur.

A MEDITER :
« ... si tu négliges ton corps pour t'envoler jusqu'aux hauteurs libres de l'éther, tu seras un dieu immortel, incorruptible et tu cesseras d'être exposé à la mort... ».

Les cycles de Sénèque

L'âme vient d'un **Tout** – et y retourne.

Et Sénèque dit :

« Lorsque viendra ce jour qui doit séparer ce mélange de divinité et d'humanité, je laisserai ce corps où je l'ai trouvé et je retournerai vers les dieux. La mort que vous regardez comme le dernier de vos jours est celui de votre naissance pour l'éternité. Congénères de la divinité, retournons d'où nous sommes... »

En conclusion, pour Sénèque, l'âme survit dans une immortalité cyclique et impersonnelle.

Des conflagrations universelles se succèdent engendrant des **régénérations** qui reproduisent le cosmos sous des formes identiques. Les anciens et les nouveaux mondes se ressemblent avec les mêmes événements et avec les mêmes hommes. Et cela éternellement.

Avec cependant cette certitude que l'âme quitte le corps au moment de la mort pour rejoindre un Centre d'énergies. Mais des questions restent : Où se trouve ce Principe-moteur et Qui – ou Quoi – est-il ?

A MEDITER :

« C'est d'âme qu'il faut changer, non de climat. »

« Le tout parfait » de Plotin

L'âme – à ne pas confondre avec l'esprit – est une émanation d'un **Tout Parfait** qui peut être un dieu ou Dieu, synonyme de Perfection.

A l'instant d'une naissance, l'âme s'éloigne de ce Tout Parfait dont elle est une parcelle. Elle s'en détache mais, en même temps, reste attachée par une attraction universelle, un magnétisme.

Mais l'âme peut par un « mouvement de conversion » rejoindre le Tout Parfait dont elle est issue. Une aspiration consécutive à l'attraction magnétique peut inviter l'âme à se confondre avec ce Tout Parfait dont elle s'est séparée l'espace d'une vie.

Mais l'âme peut aussi résister à l'attraction universelle qui l'attire vers le Tout Parfait, préférant le monde matériel, les biens terrestres et les jouissances palpables. L'âme dans ce cas choisit le corps.

L'âme a donc son destin et son salut liés à des idées de péché ou, au contraire, de récompense. Si l'existence terrestre de l'âme a été « animale » – il faut comprendre par ce mot une existence faite de convoitises, de jouissances sensorielles –, elle rejoindra un corps humain, voire animal. Si elle a été méritante, elle sera changée en étoile d'où elle contemplera le monde.

Enfin, si l'âme a atteint un état de pureté, elle se fondra avec le Tout Parfait.

Par exemple, en vertu de cette loi « du bien et du mal, de la récompense et de la punition », un pauvre méritant, honnête et bon renaîtra riche, tandis qu'un riche égoïste, cynique et avare renaîtra pauvre. C'est ainsi qu'un assassin pourra se retrouver dans la peau de sa victime !

Pour le salut de l'âme, et pour la purifier des mauvaises actions commises, il existe des moyens rituels. Ceux-ci entrent dans l'art de contraindre le Tout Parfait à descendre vers l'âme afin de reconstituer une unité originelle. Cette méthode relève de la théurgie – ou opération divine. Il s'agit pour l'homme d'utiliser les pouvoirs des divinités célestes et des esprits surnaturels afin de devenir un dieu.

A MEDITER :

« La grandeur d'âme, c'est le dédain des choses d'ici-bas. »

« L'âme n'est belle que par l'intelligence. Les autres choses, soit dans les actions, soit dans les intentions, ne sont belles que par l'âme qui leur donne la forme de la beauté. »

« Mourir, c'est changer de corps comme l'acteur change d'habits. »

« Le sage est tourné vers lui-même et trouve en lui toute chose. »

L'indispensable intuition de Kant

On ne peut rien apprendre avec la métaphysique rationnelle sur les questions de l'Ame, de la Renaissance et de l'Au-delà.

Il n'y a que l'intuition – et encore une certaine intuition – qui puisse expliquer l'inexplicable. C'est cette **intuition** qui nous fait ressentir d'une manière impérative et catégorique les êtres et les événements, et qui nous fait agir de la même manière.

Or, cette intuition est « morale », c'est-à-dire qu'elle obéit à un code moral identique pour tous, inscrit en nous d'une façon innée. Le premier principe de cette loi morale est d'accorder – dans le sens de mettre en accord, d'arranger, de concilier...– les volontés et les activités de tous les êtres raisonnables en un Tout harmonieux.

Ce Tout harmonieux est inscrit en nous. C'est pour cela que nous avons l'intime conviction d'un progrès et d'un futur.

Et notre âme sait que pour réaliser son désir d'harmonie et de perfection, il lui faut un temps et un espace illimités qui ne peuvent être donnés que par un Principe d'immortalité.

« Les monades » de Leibniz

L'univers est composé d'âmes appelées **monades** en quantité indéfinie. Ces monades sont en fait des « atomes psychiques ».

« Un être humain, et en fait tous les êtres vivants, sont constitués d'une famille de monades comme un étang plein de poissons » écrit Leibniz.

Toutes ces monades sont sous les ordres d'une monade principale qui est « l'Ame Première ».

L'âme humaine – monade centrale du corps – est « le miroir de l'univers et image de la divinité » (sous-entendu de Dieu qui est la monade suprême).

Le changement de corps de la monade se fait par métamorphose graduelle.

La vie et la mort sont des états de génération (développement et accroissement) et de séparation (enveloppement et diminution).

La survie de l'âme consiste en une connaissance de plus en plus complète – mais qui n'est jamais achevée – de l'univers et donc de Dieu.

L'idée est que le bonheur repose sur un progrès perpétuel fait de perfections à atteindre et de plaisirs à jouir. Et non pas sur une pleine et totale jouissance car alors il n'y aurait plus rien à espérer.

« L'harmonie universelle » de Reynaud

Il y a l'âme et il y a le corps. Pendant notre vie, l'âme s'incarne. Notre existence terrestre au présent – on pourrait dire « notre période de vie actuelle » – fait partie d'un ensemble comprenant des vies antérieures et des vies futures.

Pendant cet épisode, nous expions les fautes que nous avons commises pendant nos vies antérieures et nous préparons nos vies à venir.

C'est ainsi que nous progressons vers une perfection qui, par définition, ne pourra jamais être atteinte. Cette progression se fait au moyen d'épreuves et d'enthousiasmes, de bien-faits et de mal-faits, de récompenses et de punitions.

Les vies passées et celles à venir n'ont pas forcément existé sur la planète Terre. Il y a d'autres lieux, d'autres globes, d'autres univers. Il n'y a donc ni paradis, ni enfer au bout du cycle puisque le cycle ne s'arrête jamais.

En revanche, notre âme – à chaque réincarnation – vit son paradis et son enfer selon son degré d'évolution.

Les parcours successifs de notre âme incarnée sont programmés par des instances cosmiques et divines, ou par un ou des dieux. Or, notre programmation n'est pas autonome car elle entre dans un plan d'ensemble dans lequel participe TOUT ce qui fait partie de l'univers.

C'est ainsi que notre parcours terrestre de l'instant et que nos parcours d'avant et d'après sont intégrés à une **harmonie universelle**. Cette harmonie des sphères unit le ciel et la terre ou mieux les cieux et les terres.

« Les voyages de l'âme » de Fourrier

Il y a l'espace, les planètes – ou astres –, les âmes et les corps.

Les planètes qui ont une âme personnelle sont habitées par des corps habités eux-mêmes par des âmes éternelles. Lorsque le corps meurt, l'âme voyage dans l'espace pour revenir au bout d'un certain temps dans un nouveau corps de sa planète d'origine.

Ce cycle dure 1 620 existences. Ce chiffre correspond à 810 va-et-vient planète/espace de l'âme. Ce qui fait au total 81 000 années, dont 27 000 sur terre et 54 000 dans l'Au-delà.

A chaque réincarnation, l'âme se perfectionne mais sans changer de nature. Par exemple, les instincts, la sensualité, le goût des plaisirs... restent identiques.

Voilà pour les âmes des humains.

En ce qui concerne les âmes des planètes, elles communiquent entre elles et s'échangent des idées et des émotions sous forme de vibrations.

Lorsque la planète meurt, – cela peut arriver à la Terre ! – son âme se transporte dans un astre neuf.

C'est maintenant qu'il y a transfert des âmes humaines car l'âme de la planète – appelons-la Grande âme – emporte avec elle les « petites âmes » des humains qui s'y trouvent.

Comme « les petites âmes » vivent 1 620 existences, il faut attendre le bout de toutes ces années pour qu'une fusion se produise avec la Grande Ame de la planète. La Grande Ame, nourrie des « petites âmes », poursuit tout de même son évolution. Elle progresse à l'infini, devenant à son tour, « âme de nébuleuse », « âme du soleil ». Et cela a duré, dure et durera des millions d'années. Ce gigantesque scénario cosmique, au cours duquel des transformations physiques, psychologiques, sociales et bien sûr géologiques, ethniques, anthropomorphiques... se produisent et se produiront, est écrit par un être suprême. Selon les croyances, celui-ci s'appelle Dieu, Bouddha, Mahomet, Yahvé...

« Les révélations » de Hegel

« L'homme est but par lui-même, il a en lui une valeur infinie et est destiné à l'éternité. »

Partant de cette affirmation, l'âme est dynamique mais elle n'appartient pas uniquement à l'être humain qui la reçoit. En effet, à l'instant où le corps meurt, l'âme – cette valeur infinie – rejoint un esprit universel, un grand Tout, un dieu ou Dieu... selon les croyances de chacun.

Tout ce qui existe, le cosmique comme le terrestre, le divin comme l'humain résulte de la Pensée d'un esprit ou d'un dieu absolu.

Or, cet esprit, ou ce dieu, a des richesses qu'il révèle aux humains. Ces révélations permettent auxdits esprits et dieux de « se révéler lui-même à lui-même ».

Quelles sont ces richesses dont l'esprit humain doit se nourrir afin de devenir esprit universel ou dieu ? Ces richesses ou potentialités que l'Esprit Universel révèle aux humains sont d'abord la Vie, puis viennent la nature, l'art, la philosophie, la religion, l'histoire...

Voilà autant d'étapes culturelles qui font partie de la progression de l'être humain et que celui-ci doit approcher par la voie de la philosophie qui est la culture suprême.

La philosophie permet à la pensée de prendre conscience, et d'exploiter, ces richesses internes et, par là même, de sortir de son obscurité originelle. La finalité étant pour l'Ame d'atteindre une éternité, qui reste impersonnelle; puisque l'âme personnelle rejoint l'Esprit Universel.

Le caractère impersonnel de cette fusion donne évidemment une priorité à l'Esprit Universel ou à Dieu.

Ce sont ces derniers en conséquence qui bénéficient de la progression, des étapes et des renaissances successives de l'Ame.

L'Esprit Universel ou Dieu ayant, semble-t-il, une destinée personnelle. Celle de devenir un super Esprit, un super Dieu!

« Les trois âmes » des ésotériques

La science dit que toute particule de matière possède une énergie. Celle-ci est appelée « principe masculin » tandis que la matière est appelée « principe féminin ».

Notre corps physique possède ainsi une énergie qui est l'âme.

En réalité, l'homme est constitué de plusieurs corps : corps physique, corps astral et corps mental. Il possède donc trois âmes : l'âme instinctive pour le corps physique, l'âme émotionnelle pour le corps astral et l'âme intellectuelle pour le corps mental.

Quant à l'univers – le cosmos – il est un corps dont l'âme est universelle.

L'âme-sœur

Au début du monde – mais y a-t-il eu un début? – l'Etre Humain – mais ressemblait-il à un humain, n'était-il pas plutôt une étoile, un ange...? – Etait-il à la fois homme et femme? Cet être était androgyne.

Lorsqu'une séparation des sexes se produisit, l'Homme et la Femme partirent chacun de leur côté en emportant dans leurs bagages – leur mémoire – le souvenir de leur partie manquante. Comme cette empreinte de

« l'autre » (la Femme pour l'Homme et l'Homme pour la Femme) est gravée dans l'âme, l'Homme et la Femme sont à la recherche de leur autre moitié afin de retrouver leur unité et de se sentir parfaitement et harmonieusement UN.

Toute leur vie terrestre durant, l'Homme et la Femme espèrent rencontrer leur double sexuellement opposé et, lorsqu'ils le trouvent, leur âme les prévient que « c'est lui » ou que « c'est elle ».

Les âmes de l'un et de l'autre se reconnaissent immédiatement et l'attraction est si forte que rien ni personne ne peut séparer les deux êtres qui n'en font plus qu'UN. On dit alors que « l'amour est le plus fort ».

Mais il peut y avoir des erreurs dans la reconnaissance en question. Par exemple, lorsque l'Homme et la Femme sont trop pressés de s'unir. Ils ne laissent plus le temps à leurs âmes de se reconnaître car leur impatience est trop grande et leur fait faire des erreurs de choix.

Il en est de même lorsque c'est la sexualité qui commande le choix. Lorsque l'attraction est principalement sexuelle, il y a de fortes chances pour que les âmes de l'Homme et de la Femme ne soient pas concernées. Et, dans le temps, des méconnaissances et des incompréhensions apparaîtront.

Lorsque les tierces personnes, notamment des membres de la famille ou des personnes bien « intentionnées » se mêlent de choisir le partenaire pour quelqu'un d'autre, il y a toutes les chances pour que les âmes de l'Homme et de la Femme ainsi réunies, ne se reconnaissent pas. L'union sera alors de convenance. Mais l'Homme et la Femme resteront insatisfaits car il leur manquera leur « vraie moitié ».

Tant que l'âme-sœur n'a pas été trouvée, les âmes et les corps de l'Homme et de la Femme sont en état d'insatisfaction. Il leur manque quelque chose pour être totalement heureux ! Il faut savoir que ce sont les âmes-sœurs qui viennent à notre rencontre le moment venu et qu'il est inutile de gesticuler, courir à droite et à gauche et se lamenter de ne pas « trouver l'amour ». Notre volonté est inopérante car elle ne peut pas forcer le temps. L'âme-sœur se présentera en temps et en heure, sans prévenir mais aussi sans revenir. C'est pourquoi il faut être prêt à l'accueillir. Les divorces sont faits justement pour rompre une fausse unité et permettre aux deux parties d'être prêtes pour recevoir leur âme-sœur qui les attend.

Une des grandes lois de la nature et de l'univers est la convergence vers un « centre unique ». Cette unité est réalisée, sur le plan de l'amour, lorsqu'il n'existe plus en soi d'état d'indétermination propice à des difficultés, voire à des impossibilités de choix entre deux idées, deux désirs, deux sentiments, deux êtres... quand ce n'est pas trois !

Un philosophe ésotérique parle « d'état de bifurcation », source de toutes les souffrances humaines, lorsque l'être humain ne trouve pas son centre unique. Or, rappelons-le, celui-ci existe virtuellement mais encore faut-il que la fusion de deux âmes-sœurs prédestinées réalise cette unité.

Notre âme a des projets...

A l'instant où l'on accepte l'idée que notre âme est une parcelle de l'âme universelle, de la même manière qu'une étoile est une pépite de l'étoile infinie qu'est le cosmos, nous sommes assurés d'une vie éternelle.

En effet, « notre petite âme » qui repose dans notre corps physique comme une hostie dans un tabernacle, rejoindra le moment venu l'âme universelle qui l'emmènera dans son voyage cosmique vers des horizons et des réincarnations qui n'en finiront jamais.

A MEDITER :

« Qu'est-ce que l'âme ? C'est ce qui s'échappe des yeux, des cheveux secoués, de la bouche, du torse, du sexe » (Jean Genet).

« L'âme est le seul oiseau qui soutienne sa cage » (Victor Hugo).

« Le corps est un des noms de l'âme, et non pas le plus indécent » (Marcel Arland).

« L'âme ne me paraît souvent qu'une simple respiration du corps » (Marguerite Yourcenar).

« L'âme est anonyme » (Maître Eckhart).

« Cette autre vie qu'est cette vie dès qu'on se soucie de son âme » (Alain).

ANGE

Trois histoires d'anges

Des livres sont remplis de témoignages qui racontent des apparitions. Et selon l'état d'esprit, la foi – et la naïveté – des personnes qui témoignent, ces apparitions sont appelées Anges.

Le problème est que si beaucoup de personnes prétendent les avoir rencontrés – et j'en suis –, il est impossible de le prouver. Nos mots communs ne peuvent qu'expliquer l'événement. Il est vrai que ces mêmes mots permettent parfois de raconter des faits extraordinaires, de dire des événements à venir – qui arrivent –, de remonter dans le temps..., bref de se métamorphoser l'espace d'une intuition en devin, en prophète, en clairvoyant.

Les Anges existent donc mais qui sont-ils? Voilà la vraie question.

Un Ange est un messager. Il est en principe invisible mais il peut apparaître dans un rêve, lors d'une prière profonde, ou d'une manière inattendue « au coin d'un bois », ou pendant un moment d'extase.

Voici trois histoires d'Anges.

Un tableau de Rembrandt est intitulé *L'Ange quitte la famille de Tobie.*

Le peintre flamand s'est inspiré de l'histoire de Tobie qui eut de fréquents et longs entretiens avec son Ange. A un certain moment du récit, l'Ange conseille à Tobie « de saisir le gros poisson qui l'effraie, de le vider, de se servir du fiel comme remède contre le leucome – tache blanche sur la cornée de l'œil – et de brûler le foie et le cœur pour que la fumée fasse fuir les démons ».

A chaque instant de sa vie, l'Ange conseille Tobie. Pour son mariage avec Sarah, pour guérir la cécité de son

Père, pour gagner de l'argent... C'est à la fin du récit que l'Ange révèle son nom : « Je suis Raphaël, l'un des sept qui sont toujours en présence du Seigneur. Et il est temps que je retourne vers Celui qui m'a envoyé... »

L'Ange de Tobie est un Ange Gardien qui conseille et protège.

Les Anges ont également une mission d'Annonciation.

Un autre tableau d'un autre peintre flamand, Van Eyck, intitulé *L'Ange de l'Annonciation*, montre un Ange avec deux grandes ailes, tenant à la main un lys. Cet Ange, prénommé Gabriel, annonce à Marie qu'elle va bientôt devenir la Mère de Jésus. Ce tableau se trouve dans la cathédrale Saint-Davon à Gand en Belgique.

Une autre histoire d'Anges est celle de **Jacob**.

Alors qu'il dormait la tête appuyée sur une pierre, il vit en songe une échelle dont la base était appuyée sur la terre et le sommet touchait le ciel.

Et Jacob raconte : « ....Je vis des Anges de Dieu qui montaient et descendaient de cette échelle. Je vis, appuyé sur le haut de cette échelle, le Seigneur... »

Ce songe a fait l'objet d'une peinture intitulée, *L'Echelle de Jacob* exposée à Avignon au Musée du Petit-Palais.

Les deux anges de Lot

Avant le christianisme, il y avait déjà des Anges et les Grecs, par exemple, avaient les leurs. Les Anges des Chrétiens et ceux des Grecs sont identiquement des **messagers**. Mais les premiers sont des messagers de Dieu tandis que les seconds sont des messagers des dieux.

Les Anges de Dieu transmettent les volontés de ce dernier mais aussi les exécutent. L'exemple le plus frappant est donné par les deux Anges envoyés à Lot avant la destruction de Sodome. Il est raconté que deux Anges avertirent Lot : ils lui dirent « ...Qu'une pluie de soufre et de feu s'abattrait sur les villes de Sodome et de Gomorrhe »

Les Anges de Dieu ont une mission d'assistance. L'évangéliste Matthieu rapporte la phrase que Jésus prononça à propos des enfants : « Gardez-vous de mépriser un seul de ces petits, car je vous dis que leur Ange dans le ciel contemple sans cesse la face de mon père qui est dans les cieux. »

Chérubins, séraphins et vivants : les anges de l'apocalypse

Les Anges, qui constituent l'armée des cieux, se distinguent en Chérubins, en Séraphins et en **Vivants**. Ces derniers, appelés Vivants, sont des Anges mystérieux qui apparaissent dans des visions prophétiques.

Dans le livre l'Apocalypse 4, écrit par l'apôtre Jean, on peut lire, dans le passage qui relate l'ouverture du Livre aux Sept Sceaux.

« ...Puis je vis l'Agneau – c'est-à-dire le Christ – ouvrir le premier sceau, et j'entendis l'un des quatre Vivants proférer comme un coup de tonnerre : " Viens ". Je vis apparaître alors un cheval blanc ; son cavalier tenait un arc, on lui remit une couronne et il sortit en vainqueur et pour vaincre toujours...

Lorsqu'il ouvrit le deuxième sceau, j'entendis le deuxième Vivant dire : " Viens ". Il sortit un autre cheval roux ; il fut donné à son cavalier d'ôter la paix de la terre de façon qu'on s'entretuât et on lui remit une grande épée...

Lorsqu'il ouvrit le troisième sceau, j'entendis le troisième Vivant dire : " Viens ". Je vis paraître un cheval noir, dont le cavalier tenait une balance à la main...

Lorsqu'il ouvrit le quatrième sceau, j'entendis la voix du quatrième Vivant dire : " Viens ". Je vis paraître un cheval verdâtre dont le cavalier s'appelle la Mort... »

Les Anges appelés Vivants ont des « yeux partout, devant et derrière ». Le premier Vivant ressemble à un lion, le second à un taureau, le troisième à un visage d'homme et le quatrième ressemble à un aigle en plein vol. Les quatre Vivants avaient chacun six ailes couvertes d'yeux à l'extérieur et à l'intérieur, et ils répétaient sans cesse, jours et nuits, « Saint, Saint, Saint le Seigneur Dieu Dominateur... »

Anges, génies, dragons et démons

A propos des noms donnés aux Anges, il est plaisant de savoir que le mot Chérubin vient de l'Akkadien « Karibou » terme qui désigne un **génie** à la face humaine et au corps de fauve porteur de petites ailes. Le païen et le presque divin se rejoignent !

Quant aux Séraphins qui ont six ailes, leur nom vient de l'hébreu « Séraph » qui désigne des **dragons** volants ou des serpents brûlants. De nouveau, le fabuleux et le religieux se retrouvent !

Les Anges sont immortels et n'ont pas de sexe. Ils n'ont pas d'ailes non plus ! Les Evangélistes Matthieu et Marc disent de concert : « ...à la résurrection, on ne prend ni femme, ni mari, on est comme des Anges... » Voilà tranchée la question du sexe des Anges !

Les chefs des Anges sont appelés Archanges. Il y en a Sept « qui se tiennent toujours prêts à entrer devant la gloire du Seigneur ». Sont des archanges : Raphaël, Gabriel, Michel.

Il ne faut pas non plus oublier les Angelots. Souvent rassemblés en paquets dispersés dans les peintures, les Angelots – ou foule d'enfants – meublent par leurs corps potelés et rosés, leurs bras tendus vers le ciel et leurs sourires angéliques nombre de tableaux. Ces Angelots, qui grandiront, symbolisent le « tohu-bohu » qui précède les conversations sérieuses. Leur babil est comme une musique céleste qui prélude aux messages sérieux.

Il ne faut pas oublier les Anges déchus dont Lucifer est le porte-parole.

Satan – puisque tel est son nom propre –, et on

l'appelle aussi « le mauvais, le malin, le diable » est un Ange serviteur de Dieu qui devint son adversaire à l'instant où il fut précipité du ciel sur la terre. La chute de l'Ange préfigure l'installation du mal sur la Terre.

Place alors au combat entre le bien et le mal, la lumière et les ténèbres.

En réalité, Satan délivre Dieu de ce qu'il ne peut pas faire, à savoir le mal. Il est évident que Dieu étant, de par sa nature, un Etre de bonté et d'amour ne peut « faire le mal ». Partant de cette obligation de bonté ce n'est pas lui qui tente Eve dans le paradis terrestre, mais bien Satan.

Pour conclure sur les Anges dans la Bible, disons qu'ils sont des êtres spirituels, proches de Dieu puisqu'ils le contemplent de face. Porte-parole de Dieu, ils apportent aux humains des messages et des aides.

Les anges de la Kabbale

Les kabbalistes divisent l'univers en quatre régions : le monde physique (aziaasiah), le monde astral (ietsirah), le monde mental (beriah) et le monde de l'esprit (atziluth) dans lequel se trouvent les Anges des quatre principes de la matière. Ces Anges de la matière ont respectivement le visage d'un taureau, d'un homme, d'un aigle et d'un lion. Cette représentation des quatre éléments est à rapprocher de l'art sacré qui symbolise les quatre évangélistes Matthieu, Marc, Luc et Jean sous la forme d'un Ange, d'un Lion, d'un Bœuf et d'un Aigle.

Ces quatre Anges des « principes de la matière » sont différents des quatre Anges des quatre éléments : le feu, l'air, l'eau et la terre qui sont de la famille des Séraphins.

Ange et démon

Les images pieuses chrétiennes placent, à la droite de l'homme, un Ange qui lui donne de bons conseils et à sa gauche, un démon qui lui inspire de mauvaises pensées. Ces deux Anges, l'Ange des lumières et l'Ange des ténèbres semblent apparemment complices pour faire de l'être humain, une victime.

En effet, comment expliquer que ces deux Anges ne puissent se mettre d'accord pour permettre à l'homme d'être heureux !

Au contraire, l'Ange gardien et le Diable passent leur temps à se chamailler et à faire en sorte que l'homme soit ébranlé par des épreuves, des doutes et des inquiétudes. L'Ange et le Démon, qui sont les figures symboliques de l'esprit et des instincts, à l'intérieur de l'homme, semblent condamnés à se regarder en Anges de faïence en attendant de se faire de vilains tours.

Il n'est pas impossible que la sagesse, la sérénité, le bien-être – qu'importe le mot – résultent d'une libération de ces deux Anges que l'on regarde s'affronter en dehors de soi.

Ma vérité sur l'ange

Des énergies cosmiques – certains peuvent les appeler divines – circulent. A l'instant où nous les captons, nous bénéficions de forces supérieures illimitées qui nous enrichissent et nous protègent. L'essentiel est d'avoir une conscience éveillée afin d'être branché sur ces énergies.

Ces énergies sont en fait nos anges qui, à l'instar de la descente du Saint-Esprit expliquée dans les dogmes de la religion catholique, descendent symboliquement pour nous guider et nous protéger.

Notre Ange n'est pas une entité étrangère à nous, c'est notre conscience supérieure illuminée par ces énergies cosmiques. Et quand notre Ange nous parle, c'est en fait notre propre conscience supérieure qui nous parle. Le contact entre notre conscience – avec un petit « c » – et notre Ange n'est pas aisé. Et cela pour plusieurs raisons :

– parce qu'il nous faut accepter l'existence de cet Ange.

Il n'est pas facile pour un esprit rationnel de croire en l'existence d'une conscience supérieure à l'intérieur d'une conscience consciente. D'autant que cette conscience supérieure donne des conseils !

– parce que le langage de cet autre Moi – notre Conscience supérieure ou notre Ange – est codé. Il parle en symboles qui ne sont déchiffrables qu'après une initiation ésotérique.

– une troisième raison qui empêche d'heureuses communications avec notre Moi supérieur – notre Ange – résulte d'une appréhension à vivre différemment. Cette crainte est justifiée car il faut du courage pour abandonner notre vie terrestre telle que nous l'avons choisie, acceptée, pour entrer dans une autre Vie plus spirituelle et extra-ordinaire.

AU-DELA

Un au-delà sans commencement et sans fin

Le dictionnaire définit l'Au-delà de la manière suivant : « Le monde supraterrestre, la vie future... ».

Ces définitions sont un peu courtes quand il s'agit de parler d'éternité !

Pour approfondir ce sujet, posons-nous quelques questions :

L'Au-delà existe-t-il vraiment ? S'il existe vraiment, où se trouve-t-il ? Et s'il se trouve quelque part, comment l'atteindre ?

Car, pour reprendre la phrase d'un penseur plein d'humour, « l'Au-delà est plus loin que prévu et de plus, il est ailleurs ! ».

Il faut se rendre à une évidence : l'Au-delà ne sera jamais présent car il est pour nous terrestre, un demain inexorable dont nous ne pouvons pas avoir connaissance. Car, lorsque cet au-delà se présente, nous ne sommes plus là pour en avoir conscience.

Cette regrettable constatation d'un au-delà invisible et inexistant reste malgré tout une aubaine pour improviser selon nos croyances religieuses, païennes ou athées, un au-delà paradisiaque, infernal, ou creux comme un néant.

Le manque de références sur l'existence de l'Au-delà autorise tous les excès. Les mystiques, les imaginatifs et les charlatans ont toute latitude pour manigancer des au-delàs mirifiques ou lugubres. Certains même ont imaginé des univers parallèles, fréquentables uniquement par des privilégiés qui s'y livrent à des « transcommunications ».

Mais restent d'autres interrogations essentielles :

Quelle est cette composante impalpable et subtile

qui quitte notre corps et qui rejoint l'Au-delà lorsque nous quittons la vie ? Et si cette composante existe, dans quelle partie de notre corps, de notre cerveau, de nos cellules se trouve-t-elle ?

Voici une réponse qui ne peut certainement pas satisfaire tout le monde mais elle a au moins le mérite d'exciter la curiosité : La composante impalpable et subtile – appelons-la l'âme – se trouve partout et nulle part.

Nos facultés de raisonner qui coordonnent nos pensées et les mettent en ordre selon une marche méthodique, sont inopérantes pour expliquer et comprendre l'Au-delà.

En effet, comment notre raison qui est « la faculté de saisir la raison des choses », peut-elle saisir l'irrationnel de choses qui n'existe pas !

Et d'autres questions restent sans réponse :

Qu'est-ce que ce monde supraterrestre ? Est-ce un ou des mondes à l'image de la Terre, peuplé de pseudo-humains ? Est-ce un ou des mondes idéalement paradisiaques, peuplés de dieux, d'âmes, d'esprits ? Pourquoi nos sens, notamment la vue, l'ouïe, le toucher ne peuvent voir, entendre, toucher quelque chose ou quelqu'un de cet au-delà ?

Une chose est certaine, nous ne pouvons nous faire une idée, et nous ne pourrons accéder à cet au-delà qu'à la condition de **changer de registre** sur le plan mental.

En effet, les mots pour décrire l'Au-delà ne sont pas les mots de notre langage d'humain. Comment décrire quelque chose que personne n'a jamais vu ? Seules des images abstraites, des symboles peuvent tenter de décrire cet univers au-delà du réel et de l'imaginable. De là l'importance des rêves puisque ceux-ci ont le privilège de nous mettre en communication avec un « ailleurs » qui n'existe pas mais qui, pourtant, est bien présent.

Bien sûr les images de nos rêves sont troubles, compliquées, incertaines et parfois saugrenues et notre raison raisonnable a bien des difficultés à comprendre la phrase du rêve dans la mesure où elle n'a pas la cohérence de notre logique. De plus, notre langage terrestre, qui décrit nos sentiments et nos émotions d'humain et qui racontent notre vécu au quotidien, est inadéquat pour parler de l'Au-delà. Il s'agit réellement de deux mondes incommunicables ! Et répétons-le, seul le rêve est – pour reprendre une formule de Freud – la « voie royale » pour pénétrer dans cet « ailleurs » que les hommes appellent au-delà.

Il faut être très attentif avec le contenu de nos rêves. Car ceux-ci nous préviennent de l'imminence de notre départ vers l'Au-delà. Ce voyage s'annonce lorsque apparaissent des scènes puissantes et tourmentées. Il nous faut par exemple escalader des montagnes escarpées, franchir des gouffres effrayants, traverser des sombres forêts, longer des marais glauques... Quand de telles images apparaissent dans nos rêves, nous devons nous tenir prêts pour le Grand Voyage. Tous ces décors rituels ont pour fonction de préparer l'agonisant que nous sommes à son « aventure funèbre » qui le conduira dans son au-delà personnel. Au bout du voyage initiatique, peuplé de monstres et effrayant d'abîmes et de ruines, se trouve le paradis, le nirvana, la lumière bleue du bout du tunnel. En un mot, l'Au-delà.

Voici d'autres questions que je laisse à vos réflexions.

Les religions enseignent, lorsque le corps se décompose, qu'une parcelle immortelle, indépendante et distincte – l'Ame – survit. Cette âme se retrouve dans une immensité, l'Au-delà qu'il faut essayer de situer. Et là est la question :

Est-ce une planète où d'autres âmes ont des formes perceptibles afin que toutes les âmes se voient ? Est-ce une immensité cosmique où les âmes n'ont aucune forme, aucun poids, aucune substance mais où elles communiquent par télépathie ou une autre entremise extralucide ?

Quant aux âmes encore incarnées, non dégagées des liens terrestres, peuvent-elles pour quelques instants seulement communiquer avec les âmes de l'Au-delà ? Si oui, par quels moyens ?

Le poète Gérard de Nerval a écrit : « Les âmes encore incarnées communiquent avec les âmes de l'Au-delà au moyen des rêves, du magnétisme et de la contemplation ».

Voilà me semble-t-il une bonne réponse...

Des clefs pour l'au-delà

Ici-Bas et au-delà se rejoignent forcément quelque part, tant que nous sommes sur la Terre. Ce quelque part est un instant privilégié, une séquence de vie où l'on se sent détaché des pesanteurs terrestres. Ce point provisoire est source d'espérances, de méditations mais aussi d'inquiétudes.

Comme personne n'a fait le voyage aller et retour vers l'Au-Delà, la porte est ouverte à toutes les suppositions, les supercheries et délires imaginatifs.

Voici quelques moyens pour communiquer avec l'Au-Delà proposés par différents auteurs.

– Avoir recours au « psychomanteum ».

De quoi s'agit-il ? Grâce à des jeux de miroirs, des visions sont obtenues. La répétition de la même image sous différentes formes favorise des états de conscience propice à des « transcommunications ». Des enregistrements audio et vidéo de voix et d'images « qui viennent de l'Au-Delà » sont alors réalisés.

Cette technique, parrainée par le Dr Raymond MOODY, auteur du best-seller *La Vie après la vie*, met en évidence des phénomènes hallucinatoires, des communications de type télépathique et des symptômes parapsy similaires à ceux que procurent l'absorption de drogues.

– Se faire faire une analyse karmique à partir d'un thème de naissance. Il s'agit d'une spéculation astrologique qui repose, entre autres, sur la position des Nœuds Lunaires. Sachant que ces Nœuds sont une pure abstraction, les assertions des astrologues karmiques sont peu crédibles. Une collection de portraits « tout faits » sont alors proposés, inspirés des typologies des douze signes classiques.

– Prendre rendez-vous avec les Anges et le Christ en personne. Pour cela suivez les guides. A savoir des Illuminés qui prétendent avoir été reçus par Dieu, qui leur a fait visiter le ciel. Après avoir séjourné « dans les bras de la lumière », ces privilégiés sont revenus sur Terre avec la mission d'expliquer aux humains ce qu'ils doivent faire pour mériter le paradis.

La cheftaine des Illuminés est l'américaine Betty EADIE, « donnée pour morte » par les médecins et qui a réintégré son corps après avoir conversé avec Jésus. Elle a relaté son aventure dans un livre inspiré.

– Acheter les secrets de « Maîtres Experts en réincarnation » qui garantissent le pouvoir, la richesse, le succès...

Le tout en 90 jours avec possibilité de retourner l'ouvrage si les techniques secrètes, « dévoilées pour la première fois... » n'ont pas donné satisfaction.

L'un des secrets est de se libérer de « ses dettes karmiques » qui sont à l'origine de nos problèmes.

Soyons sérieux !

Il existe d'autres Clefs pour tenter d'approcher l'Au-Delà. En voici trois : les Rites, la Foi et le Travail personnel.

Les rites qui sauvent...

Les premières clefs pour l'Au-Delà sont données par les Livres des Rites et Coutumes.

Les rites qui ont pour finalité de permettre le passage vers l'Au-Delà s'apparentent à de la magie. Or la magie a pour objectif de « faire arriver les choses comme elles sont pensées, désirées ou mimées » (Définition d'Anthony, écrivain parapsychologue).

Les rites utilisent des formules magiques et des mots sacrés qui doivent être prononcés après une initiation et une préparation. Dans ces rites interviennent l'absorption de substances, les fabrications et le port de talismans.

En ce qui concerne les rites mortuaires, tout commence par une « mise en terre » ou une incinération après une toilette, un habillement, voire un embaumement. Il faut, en effet, que le défunt ait une belle présentation pour rencontrer ses juges suprêmes. Il lui faut également être armé pour déjouer et vaincre les embûches qu'il rencontrera sur la route de son Au-delà.

Les rituels, qui sont réglés par des traditions ancestrales, ont deux buts :

- resserrer les liens entre les membres d'une communauté en proposant un cérémonial fait de mots et de gestes qui sont des signes de reconnaissance pour des initiés ;
- conjurer les mauvais sorts, faire fuir les démons et se protéger des forces mystérieuses et menaçantes qui sont sensées agir sur l'homme.

Les rituels donnent des façons de se conduire et des manières d'être, réglées par des traditions. Les rituels suivent les processus les plus importants de la nature, le rythme des saisons (notamment les solstices) et les moments les plus importants de la vie humaine : de la naissance à la mort en passant par la maturité, le mariage.

Il faut surtout savoir que les rituels ont une fonction psychologique importante en « déverrouillant » le psychisme de nombres de tabous. Les rituels permettent de faire des actes et de dire des choses qui sont moralement et socialement interdits. La transgression autorisée de « défense de... » libère ainsi le psychisme de tensions et de blocages.

On retrouve des procédés ritualisés dans la névrose obsessionnelle et physique. Il s'agit de rites conjuratoires pour lutter contre l'angoisse, qui consistent à exécuter de façon répétée certains détails d'un acte quotidien, comme par exemple se laver les mains, fermer dix fois la même porte, placer des objets à des endroits précis, au millimètre près.

Dans le langage courant, le mot rite désigne des comportements stéréotypés très proches de la manie.

La vérité est que l'homme – et la femme – ne peuvent ni s'enfermer dans leur condition d'humain, ni s'en échapper totalement. L'homme a son idée de la liberté et celle-ci, entretenue par le désir d'être différent des autres, peut être à l'excès, source d'angoisse. En effet, une indépendance totale génère des sentiments d'abandon et de désolation. Et là est un premier paradoxe car l'homme tout en se voulant libre réclame des dépendances. On peut dire que l'être humain est libre dans ses chaînes !

C'est cette marge de détermination entre « être libre et être dépendant » qui crée de l'inquiétude et de l'insécurité puisqu'une impression indéfinissable mais bien certaine est ressentie d'un quelque chose – puissance, énergie, fatalité... qu'importe le mot – qu'il ne peut maîtriser. Tout ce qui échappe à la réflexion a une part d'inquiétude !

C'est pour s'approprier, ou du moins ne pas être soumis à ces forces extérieures qui sont autant de menaces à sa sécurité, que l'être humain tente de se saisir de ces puissances surnaturelles par la magie, le sacré, la religion. Place alors à des conduites rituelles qui permettent d'aller plus loin que l'ordinaire, au-delà du raisonnable, au cœur de l'Au-Delà. Tout est alors permis. Les recettes les plus bizarres, les accoutrements les plus excentriques sont vus avec respect.

Mon conseil est de se servir des rites, comme s'il s'agissait de fêtes, en prenant garde de ne pas se faire absorber et détruire par leurs étreintes obsessionnelles.

Mais il demeure que les rites conduisent à l'extase, prélude de l'Au-Delà, comme les prières conduisent au Divin et au Sacré.

« Je crois afin de comprendre »
Saint Augustin

D'autres clefs pour l'Au-Delà viennent de la **Foi**.

La foi n'est pas une opinion mais une adhésion. Notre grand acte de foi est de nous abandonner, sans chercher à comprendre, à la croyance en un Au-delà.

Douter, ne fusse que quelques secondes, que cet Au-delà ne puisse exister provoque une cassure, une censure, un refoulement dans la conviction de cette existence.

La Foi est ou n'est pas et elle n'a pas besoin de preuve pour exister. C'est elle qui permet l'accomplissement du désir de se retrouver dans l'Au-Delà le moment venu. Cette foi ressemble en cela à cette religieuse qui propose l'image d'une puissance impersonnelle liée à un Dieu qui protège, qui conseille et qui guide.

Il suffit de la conviction que l'Au-Delà est, pour qu'il soit. Un sentiment de sécurité s'installe alors, d'autant plus fort qu'il ne s'explique pas rationnellement.

Quand il s'agit de parler de la foi, souvenons-nous de cette pensée de Tertullien, docteur de l'Eglise romaine : « Je crois parce que c'est absurde » !

La foi qui donne une énergie autant mystérieuse qu'extraordinaire pour « soulever des montagnes » est fort capable de nous propulser dans un Au-delà « absurde » pour la raison raisonnante mais parfaitement vraie pour l'intuition, qui est, en l'occurrence, la seule disposition de l'esprit qui permette « une vision directe de l'esprit par l'esprit ».

Autrement dit, d'avoir une conscience immédiate d'une vérité qui ne peut pas s'expliquer par la « raison suffisante ».

Mais il ne faut pas, sous prétexte de foi, croire en n'importe qui et en n'importe quoi. La croyance en un Au-delà n'inclut pas de croire aux racontars de ceux qui prétendent y avoir été et en être revenus, et de ceux qui prétendent connaître les chemins pour y aller.

Il y a, et il y aura toujours, des « marchands du

temple » qui profitent et profiteront d'événements inexpliqués – autrement dit des miracles –, d'élévations spirituelles, de générosités d'âme, de croyances en des temps meilleurs... pour vendre « des parts de paradis », des remises de purgatoire, des indulgences et des laissez-passer pour l'Au-Delà.

Quand on parle de foi, on pense religion. Il est vrai que les pensées les plus sublimes sur la foi et la croyance sont signées de saints, d'apôtres, de religieux, de théologiens.

Lorsque saint Augustin et saint Anselme écrivent à peu près la même chose, à cinq siècles d'intervalle : « Je ne cherche pas à comprendre pour croire, mais je crois pour comprendre », ils parlent tous les deux de Dieu.

En ce qui concerne l'Au-Delà, Dieu n'est pas concerné. Du moins, dans le cadre de cette approche parapsychologique. Reste la foi qui illumine, grâce à ses non-dits, l'irrationnel et les mystères de l'Au-Delà.

L'au-delà est en soi

Il y a donc les Rites et la Foi pour approcher de l'Au-Delà.

Mais la véritable clé de la connaissance d'un Au-delà est en Soi. Elle se cisèle par un **Travail Personnel**. Un poète a écrit : « La clef d'or de l'harmonie du bonheur se trouve en Soi ». C'est cette même clef qui permet de comprendre et d'atteindre son Au-delà. Mais il ne sert à rien de vouloir raisonner avec notre intelligence raisonneuse et raisonnable, car celle-ci, même si elle nous permet de penser et de juger, ne nous apporte rien de fixe, de certain et de vrai. Autrement dit, il est peut-être bien d'écouter ceux qui pratiquent la logique et la raison pure, mais il est préférable d'écouter ses propres intuitions.

Un travail personnel commence par une ouverture de l'esprit sur l'infini et sur l'éternité. Cette ouverture exige une foi définitive. Une des règles pour atteindre l'Au-Delà est de ne pas penser aux difficultés, de quelque ordre que ce soit, qui empêcheraient de l'atteindre. Penser à l'Au-Delà, c'est déjà s'en approcher et pour progresser sur la route qui y conduit, c'est « toujours maintenant et à chaque heure toujours ». Il ne sert à rien de se former des images d'un Au-delà idéal, ou sinistre, puisqu'il est impossible de se le figurer. En revanche, il est préférable de méditer sur l'harmonie et le bonheur que cet Au-delà peut nous procurer.

Transformer les craintes que l'on peut avoir entre dans le Travail Personnel. Dès l'enfance, nous avons peur : peur du noir, des punitions, de ne pas grandir, d'être ceci ou cela... Et cela continue avec la peur d'être seul, d'être malade, d'être pauvre... L'ultime peur étant celle de mourir.

Nos peurs, qui sont inscrites dans notre mémoire depuis la nuit des temps, nous ont rendu prudents, habiles et ainsi toujours vivants. Car n'oublions pas que comprendre les raisons de nos peurs – ce qui au demeurant ne nous empêche pas d'en avoir – nous a permis, et nous permet toujours, de survivre.

Notre peur de mourir se retrouve ainsi sublimée par la foi en l'Au-Delà. Ce qui nous rend immortels.

Ma vérité

La grande interrogation sur l'Au-Delà englobe toutes les questions que l'on se pose, et que l'on doit se poser, sur la Vie. Cette vie qui est une phrase ininterrompue puisque nous avons tous une avant-vie, une vie terrestre qui a commencé par la naissance et qui se termine par notre mort, et une après-vie. Si l'on enlève le court moment de notre vie terrestre, nous constatons que nous avons une éternité derrière nous et une éternité devant nous. Ces deux éternités se rejoignant dans un Au-delà où il n'y a plus ni naissance, ni vieillesse, ni mort.

Mais cet Au-delà conserve tous ses secrets ! Car il faut bien reconnaître qu'à ce jour, aucune science, qu'elle soit biologique, astrophysique, mathématique, philosophique, parapsychologique... n'est capable de décrypter ces secrets.

Pour parler raisonnablement de l'Au-Delà – quel paradoxe ! –, il faut éviter des apriorismes religieux et affectifs. Dire : « Je crois à un Au-delà qui ressemble à un paradis terrestre parce que c'est écrit dans mon catéchisme... » est un apriorisme religieux. Dire : « Je ne crois pas à l'Au-Delà parce que j'ai peur d'apprendre des choses désagréables... » est un apriorisme affectif.

La certitude d'un Au-delà va de pair avec celle d'une immortalité. Les cellules dont nous sommes constitués ne se sont pas assemblées « par miracle ». A l'instant où nous acceptons – ce qui n'est pas évident – l'idée d'un infini de l'univers, en espace et en temps, nous devons accepter l'idée que nos cellules ont déjà existé une infinité de fois et qu'elles se ré-assembleront une infinité de fois, disposées, rangées, programmées comme elles le sont aujourd'hui et comme elles l'ont toujours été.

En conclusion, nous sommes assurés d'un « devenir universel » dans la mesure où nous participons à un cycle éternel.

Messages pour l'au-delà

On a créé en 1980 à Los Angeles une société *Union des Cieux* – en anglais *Heavens Union* – dont le but était de remettre à des personnes à l'article de la mort, des lettres écrites par des vivants, destinées à des personnes décédées.

Les mourants devenaient ainsi des messagers pour l'Au-Delà – *Messages for hire after*.

Cette opération funéraire et financière n'est nullement risible pour qui croit à l'Au-Delà et trouve une consolation à transmettre un message à des personnes aimées défuntes.

AURA

Qu'est-ce que l'aura?

Voici des réponses qu'il convient d'apprécier seules ou dont il faut associer des composantes.

– Un corps invisible qui entoure le corps physique. Mais s'il est invisible, comment a-t-on pu le découvrir et comment peut-on le déceler?

L'effet Kirlian, entre autres, répond à cette question.

– Un souffle d'air qui circule dans l'atmosphère. Le mot aura vient du latin *aura* qui signifie brise, souffle, air...

– Un halo de lumière stigmatisant un état de sainteté. Les peintres religieux aiment à auréoler la tête de leurs personnages bibliques d'un disque lumineux.

– Des efflorescences lumineuses émanant de la matière vivante.

– Une visualisation de l'âme humaine, une sorte d'image virtuelle invisible et immatérielle, mais malgré tout perceptible par l'esprit.

– Un rayonnement « imaginé » que seules des sensibilités ultra-développées peuvent saisir et interpréter par télépathie.

– Un corps-énergie ou corps bio-plasmique qui est une sorte de baromètre de la santé des corps physiques et psychiques.

– Une topographie invisible à l'œil nu, des points d'énergie similaires au tracé des méridiens d'acupuncture.

L'aura comme une peau...

Voici une définition donnée par un écrivain anglais :

« L'Aura est comme une peau ou une couverture protectrice, laquelle représente dans une large mesure la clé de l'âme humaine, en ceci que les âmes communiquent par son intermédiaire » (*L'Aura, le Corps de Lumière* de David Tansley, éditions Routledge, Londres).

La comparaison avec une peau met en évidence une fragilisation de l'Aura. Cette peau, ou enveloppe, est impressionnée par toutes les énergies extérieures et intérieures.

Lorsque les radiations extérieures sont « brûlantes » comme celles fabriquées par des rayons X, l'enveloppe-aura se consume et se déchire. Les énergies intérieures s'échappent alors par la brèche, ce qui provoque un appauvrissement vital, tandis que pénètrent des énergies nocives.

L'enveloppe-aura peut être « translucide, opaque, épaisse, lourde, lumineuse, rayonnante, fine comme un tissu et en même temps solide comme l'acier. Elle peut être absorbante comme une éponge, plus fragile que le verre, et collante comme la boue... » (*L'Aura fragile*, bibliothèque R-C).

Des documents – qui ne sont pas des témoignages mais des informations – fournis par les photographies réalisées au moyen de la méthode Kirlian (photographie de l'Aura, du nom de son inventeur le russe Kirlian en 1939) montre que notre corps est entouré d'un champ d'énergie invisible.

Ce champ énergétique change de couleur selon nos états de santé physique, nos états de bien-être ou de mal-être, les impacts de nos émotions et de nos sentiments.

Lire l'Aura reviendrait, pour des praticiens inspirés, à la lecture d'une radio pour un radiologue.

Autant voir les couleurs de cette Aura reste subjectif, autant l'idée d'un champ électromagnétique qui entourerait le corps de chaque humain est acceptable. En effet, une correspondance peut être faite avec la découverte des astrophysiciens du xxe siècle sur l'existence autour de la terre d'un champ électromagnétique invisible. Celui-ci créerait et contrôlerait les conditions indispensables de la vie sur la planète Terre.

AVANT ET APRES LA VIE

Les voies de l'avant et de l'après-vie

On sait que de tous les animaux, l'être humain est le seul qui soit conscient de sa mort. On peut en déduire que l'homme connaît la vérité sur la vie et sur la mort et qu'il possède la clef de l'Au-Delà.

Il s'agit à la fois d'un instinct – l'instinct de mort – qui l'informe sur le temps et sur le vécu de cet état de fait mais aussi d'une connaissance, disons métaphysique. Cette dernière fait partie de la Mémoire Universelle.

C'est dans cette Mémoire que se trouve – entre autres – le souvenir de nos vies antérieures. Platon raconte dans son conte intitulé « *Le Mythe de la Réminiscence* » qu'avant notre existence terrestre, c'est-à-dire avant que notre âme ne soit mise dans un corps – incarnée – nous vivions dans un univers idéalement beau, vrai, bon.

En effet, comment l'être humain peut-il être conscient de sa mort s'il ne sait pas ce que c'est ?

Comment peut-il la craindre ou au contraire s'en réjouir, s'il n'a pas vécu, avant son existence terrestre du moment, ce scénario ? Et c'est ainsi que l'idée de la mort, avec ce que cela peut comporter d'inquiétudes, d'émotions, d'espérances aussi, n'est rien d'autre qu'une réminiscence. Chaque pensée sur l'avant et l'après-vie renvoie à des expériences passées. Penser à l'avant et à l'après-vie est en réalité penser à l'existence d'un autre monde que le monde réel et à la résurrection, à l'immortalité, à la prédestination, à la réincarnation.

Quatre voies devraient être possibles pour déchiffrer et interpréter les causes et la nature de l'**avant** et de l'**après**-vie :

- Celle de la Science;
- Celle de la Philosophie;
- Celle de la Religion;
- Celle de l'ésotérisme.

Or, la science s'oppose à la religion et à la philosophie, qui elles-mêmes s'opposent entre elles. En effet, les savoirs de la science dénigrent les discours philosophiques et démontent les certitudes prônées par le Sacré et le Divin.

Les mésententes entre les scientifiques, les philosophes et les religieux invitent à une nouvelle réflexion. C'est ainsi que la voie d'un nouveau savoir est ouverte. Il est fait d'un mélange subtil de spiritualisme et de matérialisme, d'idéalisme et de réalisme.

Ce savoir évolue entre deux extrêmes : **la pensée logique** qui essaie de comprendre et d'analyser les phénomènes, et **la pensée mystique** qui commande de croire sans chercher à comprendre. Place alors à la voie de l'ésotérisme.

Le passé existe, le futur existe : je les ai vus !

A l'instant où l'on peut raconter un souvenir, c'est que celui-ci est toujours vivant et à l'instant où l'on peut raconter un fait à venir, c'est qu'il est déjà vivant.

La seconde de vie à l'instant est éphémère, il n'y a que le passé et le futur. Ce qu'on appelle le présent est en fait un espace-temps qui contient un ou des événements qui ont vécu. Et cet espace-temps est élastique car il peut être court ou long selon la définition du temps qui est la nôtre. Rappelons-nous la classification des primaires et des secondaires selon le temps de retentissement des émotions.

Mais une question se pose dès lors que l'on accepte l'idée que des lois que nous connaissons pas régissent tout l'univers et tout ce qui s'y trouve. Dont Nous. La question est : où sont les informations qui nous dirigent et qui créent la vie ?

Imaginons par exemple un nuage. Ce nuage se crée et progresse, prend des formes et se déforme, se fait et se défait... selon un schéma et un ordre.

On peut donc dire que le nuage mémorise les conditions atmosphériques qu'il traverse et que son histoire – sa naissance, ses transformations et enfin sa disparition – résulte d'informations qui viennent de quelque part. Ce quelque part nous renvoie à la Mémoire Universelle.

Des personnes « données pour mortes » racontent leurs expériences au-delà de la mort et au-delà de la vie dans de nombreux ouvrages parus en librairie. Ces personnes ont rencontré des parents décédés, des Anges Gardiens, Dieu, Jésus-Christ, Mahomet, Bouddha... Elles ont visité le ciel, l'enfer, le paradis terrestre... Leurs témoignages, qui n'engagent qu'elles, car elles sont seules à avoir vécu leur histoire et elles n'en rapportent aucune preuve, prouvent malgré tout l'existence d'un « phénomène de croyance ».

Or, la plupart des témoignages se recoupent. Précision faite que le contexte religieux est omniprésent.

En effet, les personnes ayant réussi « un retour dans des vies antérieures » disent avoir rencontré leurs « guides » avec lesquels elles sont entrées en communication télépathique, des êtres de lumière du genre Anges guerriers.

Certains auteurs donnent des détails sur la personnalité de Jésus-Christ, « qui a beaucoup d'humour, qui est drôle et qui rit souvent... ». D'autres ont rencontré Ève qui a avoué « avoir été chassée du paradis terrestre, non pas pour avoir parlé à un serpent mais parce qu'elle avait envie d'enfanter ».

Il existe d'autres témoignages plus convaincants et donc plus troublants.

Telle l'histoire de cette petite fille, rapportée par des journaux sous la signature d'un Professeur de l'Université de Virginie, Ian Stevenson.

La fillette, qui a trois ans, raconte avec force détails

sa vie précédente. Couleurs de ses vêtements, forme de la maison qu'elle a habitée, comportements de ses précédents parents. Elle prétend avoir été un garçon et veut s'habiller en garçon. Or, ce que raconte la petite Dolon – c'est son nom – est vérifié.

L'avant et l'après-vie ne sont donc pas un mythe mais une réalité. La prudence exige de faire le tri dans tous les témoignages qui apparaissent dans les livres, dans la presse, dans les cercles. Certains sont trop mystiques, d'autres trop naïfs, d'autres enfin trop accrocheurs car commerciaux.

La vérité sur l'avant et l'après-vie résulte de la reconnaissance des notions d'infini et d'éternité.

Ce qui n'a jamais eu de naissance n'aura jamais de fin. Il n'y a donc ni avant, ni après la vie. Il y a un espace-temps éternel, une sorte de Mémoire absolue qui contient tout ce qui est. Or, à l'instant où vous lisez ces lignes, vous existez. On ne peut donc nier votre appartenance à cet espace-temps éternel et rien ne vous empêche de vous y promener en le remontant et en le dépassant.

Quant à dire que vous y rencontrerez des Anges, des Dieux et des défunts, rien n'est moins sûr. Les Anges et les Dieux qui sont des inventions de l'esprit humain n'appartiennent pas à un univers qui existe au-delà et au-dehors des créations humaines. Les personnes défuntes qui ont perdu leurs corps ne doivent guère être reconnaissables. En revanche, demeurent pour l'éternité leur âme ou esprit qui ont rejoint la Mémoire Cosmique où ils peuvent être contactés.

En conclusion, une incursion dans l'avant ou l'après-vie est parfaitement possible par la voie ésotérique.

A MEDITER :
« Ici (dans l'Au-Delà), c'est autre chose que loin, c'est ailleurs » (d'après Giono).

« Nous sommes les abeilles de l'Univers. Nous butinons éperdument le miel du Visible – sur la terre – pour l'accumuler dans la grande ruche d'or de l'Invisible – l'Au-Delà » (Rainer Maria Rilke).

BLEU

Bleu-vie

Un mot qui revient dans les confidences des personnes ayant vécu une agonie est **bleu**. La couleur bleue est donnée par les témoignages comme étant celle des ambiances générales de l'expérience de renaissance et surtout comme celle que l'on voit au « bout du tunnel ».

La couleur Bleue est celle qui apparaît sur la peau, les lèvres, les doigts lorsque le corps se cyanose. Bleu se dit en grec *kuanos*, qui a donné le mot cyanose.

Une cyanose se produit lorsque le corps souffre. Par exemple, lorsqu'un corps étranger se trouve dans les bronches mais aussi dans le cas d'asthme, d'emphysème, d'œdèmes du poumon, d'insuffisance cardiaque, de diphtérie... En schématisant, on peut dire que le cerveau – en tant qu'organe – secrète du bleu au moment où l'esprit souffre des angoisses de l'agonie.

Pourquoi la couleur Bleue ?

Parce que le Bleu est mémorisé dans l'inconscient comme une couleur profonde, immatérielle, transparente, pure et céleste.

Associée à l'image du Tunnel, la couleur Bleue évoque une surface, un volume, une dimension transparente car dématérialisée. C'est ainsi que le Tunnel Bleu est le chemin de l'infini, celui justement que prendra l'âme – ou l'esprit – lorsque l'agonie sera terminée et que le corps deviendra « cendre et poudre ».

L'environnement Bleu de la Renaissance est apaisant. On imagine mal du vert qui est une couleur terrestre et tonifiante ou du rouge qui est agressif !

Souvenons-nous des expressions « avoir une peur bleue ou être dans une colère bleue... » qui sous-entend que le corps acquiert une couleur Bleue d'émotions.

La couleur Bleue est irréelle ; lorsque l'on contemple le ciel, on sent qu'elle n'est pas de ce monde ou plutôt on sent qu'elle conduit vers un autre monde, « l'Au-Delà du visible ». Lorsque une couleur Bleue apparaît dans un rêve, le message est à l'arrivée d'événements de nature spirituelle, le moment est arrivé de passer de « l'autre côté du miroir » comme le faisait Alice au Pays des Merveilles.

Les Egyptiens, qui étaient des initiés dans les questions qui touchent la mort, la résurrection et la réincarnation, considéraient le bleu comme la couleur de la vérité.

CHAMANISME

L'homme qui conduit les âmes...

Qu'est-ce que le **Chamanisme**, qu'est-ce qu'un **Chaman** ?

Le Chaman est un être d'exception, intermédiaire entre l'humain et le monde supraterrestre.

Il guérit et protège contre les maléfices grâce à des dons héréditaires ou obtenus et cultivés selon des règles occultes spécifiques.

Il a également un rôle de psychopompe, ce terme signifie « qui mène les âmes dans l'autre monde ».

Enfin, il joue un rôle bienfaisant pour les vivants.

Les épreuves et l'instruction initiatique, qui sont dangereuses pour un profane, ont plusieurs buts.

Le premier est de « faire mourir » le chaman afin qu'il vive par lui-même la tragédie de la mort et le magique de la résurrection. A ce sujet, il arrive que le chaman meure réellement.

Le deuxième but est d'apprendre les techniques secrètes pour entrer en transe et en extase, se mettre en état de rêve.

Le troisième but est d'apprendre les noms et les fonctions des esprits, les langages secrets, la mythologie et les personnages du clan des chamans.

Mais le chaman ne guérit pas tous les maux. Il guérit les maladies dues à la « mobilité des âmes ».

Imaginons une âme désireuse – ou obligée – de quitter le corps qu'elle habite pour se rendre dans l'Univers des morts. Le chaman a pour mission d'aller récupérer l'âme voyageuse chez les morts et de la réintégrer dans le corps du défunt et cela par l'oreille.

CLAIRVOYANCE

Une intelligence de cristal...

Au mot « clairvoyant », le dictionnaire répond prudemment : « Avoir une vue exacte, claire et lucide des choses ».

Le mot « voyant » quant à lui est mieux défini : « Celui qui voit, prédit l'avenir... nom donné aux spirites, aux illuminés, aux gnostiques. Personne douée de seconde vue : devin, pythonis. Homme ou femme qui fait métier de lire le passé et prédire l'avenir par divers moyens : boules de cristal, lignes de la main, astrologie, cartes... »

On dit même voyant extralucide pour renforcer l'idée de luminosité et de clarté.

Le poète Rimbaud — qui était d'ailleurs surnommé « Rimbaud le voyant » – se sert du mot voyant pour définir le poète qui voit et sent ce qui est inconnu des autres hommes.

Et il écrit :

« Le Poète se fait **voyant** par un long, immense et raisonné dérèglement de tous les sens. Toutes les formes d'amour, de souffrance, de folie ; il cherche lui-même, il épuise en lui tous les poisons, pour n'en garder que la quintessence... Il arrive à l'inconnu et quand, affolé, il finirait par perdre l'intelligence de ses visions, il les a vues ! » (Rimbaud : *Correspondances*).

Intéressons-nous d'abord quelques instants au mot « intelligence ».

Nous naissons avec des capacités intellectuelles à la fois semblables et différentes pour tous.

Pour que ces capacités puissent s'épanouir pleinement et utilement, il faut que certaines conditions soient réalisées.

Quelles sont-elles ?

– une éducation du sens de l'observation, de l'esprit d'analyse, du raisonnement, de la logique, de la concentration ;

– un bon usage de la parole et de l'écriture ;

– un apprentissage d'une discipline intérieure qui calme, règle, ordonne, trie les pensées et les images, les sentiments et les passions ;

– une étude des mathématiques élémentaires, autrement dit un savoir compter ;

– une culture générale qui permette d'avoir des idées sur beaucoup de choses ;

– une expérimentation personnelle.

Mais l'intelligence ainsi définie ne permet pas de tout comprendre. Les grandes découvertes, les œuvres de génies, les inspirations religieuses, créatives, poétiques et divinatoires... relèvent d'autres capacités et dons. Ceux-ci viennent de l'intuition et de la clairvoyance – qu'on appelle aussi sixième sens.

L'intuition permet de saisir – on dit deviner – sans raisonnement et sans analyse, des idées, des événements et des situations, et de ressentir une personnalité.

L'intuition permet de comprendre immédiatement quelque chose ou quelqu'un. Cette faculté, qui semble étrange et qui l'est, et qui est dite dangereuse par certains scientifiques, permet d'obtenir des réponses sans savoir qui nous les donne et sans connaître par quels moyens elles ont été élaborées.

La clairvoyance ou sixième sens, qui peut être considérée comme une intuition encore plus développée, existe à l'état latent chez tous les êtres humains. Mais peu savent l'utiliser à bon escient pour saisir des pensées, pour percevoir des événements qui se sont produits ou qui se produiront. Un vrai clairvoyant – car il en existe des faux, des charlatans, des mystiques ou des déséquilibrés – ne regarde pas avec les yeux et il ne raisonne pas et ne cherche pas à analyser avec son esprit. Il sait. Il lit les pensées et les sentiments sans comprendre lui-même comment il a fait.

Un clairvoyant voit un paysage, une scène, un visage, les lignes d'un livre... et il les décrit tout naturellement.

Le curé d'Ars : le clairvoyant de Dieu...

La Clairvoyance, comme la télépathie, est contestée par les scientifiques et les rationalistes. Il est vrai que les « clichés » reçus par les clairvoyants sont fugaces et incontrôlables. Ils se produisent sans l'accord de la volonté et n'apparaissent pas quand la volonté le désire.

Les scientifiques « étroits » ont tort de répudier et de se moquer de la clairvoyance. Certes, cette aptitude est à la frange de l'illusion, du mensonge et de la superstition mais c'est une activité mentale normale, même si elle est très rare.

Il est prouvé – n'en déplaise à certains puristes – que la pensée peut se communiquer d'une personne à une autre à courte ou grande distance, sans aucun support ni aucune préparation.

Ces aptitudes – dites télépathiques – qui facilitent la compréhension des êtres humains, donnent une puissance exceptionnelle sur les êtres, les choses et les événements. Sans compter que l'intuition est à la source des plus grandes découvertes.

Les poètes sont inspirés quand ils inventent une image, un symbole, une métaphore, une allégorie. Les plus grands poètes reconnaissent qu'ils sont « sous les ordres des messagers célestes, jour et nuit » (William Blake).

Un poète est l'officiant du surnaturel dans la mesure où il est médiateur entre « les choses visibles et les choses invisibles, entre l'ici-bas et l'au-delà, entre le ciel et la terre » (Claudel).

Le clairvoyant le plus prodigieux est certainement le Curé d'Ars. Ses intuitions divinatrices ont été notées, datées et contrôlées.

L'émotion crée la sympathie

A quoi reconnaît-on un intuitif, un clairvoyant?

A des réactions physiques, à des états psychologiques et à des résultats méta et parapsychiques.

Les intuitifs et les clairvoyants ont en général une constitution délicate. Ils sont très et trop... impressionnables, ce qui implique que leur affectivité est omniprésente. Ils souffrent de maux psychosomatiques parfois douloureux.

Ils sont submergés de vagues d'angoisse qui préludent d'ailleurs à des pressentiments. Ils ont des moments d'absence, de rêve, de méditation. Ils sont dans un autre monde, sans toujours expliquer lequel et pourquoi ils y sont.

Ils ressentent immédiatement les personnes, ce qui les met « en sympathie » ou « en antipathie » et cela sans pouvoir expliquer et maîtriser leurs pulsions.

Leurs attirances, et au contraire leurs répulsions, sont ainsi rapides, inconscientes et sans appel.

Ils ne se souviennent pas de ce qu'ils disent et ils souffrent sans savoir pourquoi en entrant dans une pièce, en regardant une personne, en tenant dans leurs doigts une lettre, une photo...

Je me souviens d'une soirée chez un professeur de yoga habitant Clermont-Ferrand, qui avait souhaité me rencontrer.

A un certain moment de la soirée, il ouvrit un tiroir d'un bureau et en sortit une photo qu'il me présenta face cachée.

Je ne voyais que le dos nu, lisse et blanc d'un rectangle de bristol. Mon ami me demanda de lui dire ce que je ressentais.

Je passais les doigts doucement et lentement sur la photo. Au bout de quelques secondes, je sentis monter dans ma gorge une boule d'angoisse et mes yeux se firent humides d'émotion.

Je regardais alors mon ami et lui dit :

« Cette personne est décédée et il n'y a pas très longtemps en souffrant beaucoup.

C'était une dame âgée qui vivait dans une petite maison à la campagne. Elle était souvent assise dans une cuisine à l'ancienne, au carrelage bleu, dont une porte donnait sur un petit jardin qu'elle affectionnait beaucoup. »

Mon ami reprit sa photo et me répondit ému :

« C'est une photo de ma mère qui nous a quittés il y a quelques jours. Elle vivait exactement comme vous l'avez dit. »

Sachant que tous les êtres sont unis par une sympathie universelle, l'intuition et la clairvoyance permettent – à l'instar des songes et des inspirations – de comprendre l'enchaînement des causes et des effets cosmiques et universels.

Lorsque des astrologues disent des choses justes, ce n'est pas l'astrologie qui est à remercier mais l'Astrologue. Pourquoi ? Parce que son esprit est l'instrument inconscient d'un instinct divinatoire et la méthode astrologique est là comme aide-mémoire.

DESTIN

La science du destin est la seule qui soit éternelle et inchangée

Le destin – du latin *destinare* qui veut dire fixer – est le cours des événements que l'on suppose déterminés ou non, selon nos croyances.

Pour les optimistes, la notion de destin se confond avec celle de providence. Pour les pessimistes, le destin est forcément peuplé de fatalités.

Pour les croyants – et qu'importe leur Dieu ou leurs dieux – le destin est une puissance supérieure à laquelle on ne peut qu'obéir tant ses jugements sont inexorables tout en étant incompréhensibles. L'homme propose, le destin dispose !

Pour les incroyants, « l'idée du destin qui est maître des dieux comme les dieux sont les maîtres du monde... » (Voltaire), est une fable convenue, méli-mélo de chaos qu'on ne peut débrouiller, et de mystères, certains vrais et d'autres inventés.

Cette dernière opinion sur le destin annule la suprématie et de la toute-puissance du destin et de celle des dieux, pour faire place à un hasard qu'il est sot de vouloir raisonner.

Ma vérité est que l'être humain bâtit son destin – en providence comme en fatalité – avec son caractère. Celui qui veut des providences les trouvera en les cherchant à la mesure de ses enthousiasmes, de ses optimismes, de ses énergies et surtout de sa foi en lui et en son destin. Une confiance dynamique dans ses possibilités permet de ne pas passer à côté des occasions fructueuses de son destin.

En revanche, douter de soi signifie que tout nous est obligation et déterminisme, que tout nous est nécessité et banalité. Et celui qui veut des fatalités, – inconsciemment ou non – se sacrifie lui-même à la mesure de son manque de confiance en lui, de son dépit et mépris, en son étoile et en son Ange.

Mais il y a destin et destin.

En effet, autant il est possible de façonner son destin personnel, autant il est difficile d'agir sur le destin universel. Car, de par notre existence, nous sommes intégrés, anonymement peut-être mais absolument, dans un destin collectif, celui de tous les êtres humains. Nous voilà donc inséparables de notre destin personnel et d'un destin universel où le premier s'abreuve.

Et pour couronner ces deux destins personnel et collectif, il faut tenir compte du destin de l'univers. Destin apparemment insensé, aveugle et sourd, à l'image « d'une force qui va ».

Ces trois destins s'interpénètrent et donnent des millions de destins de la même manière qu'il y a des millions de ciels dans le ciel.

Prévoir et prédire

La destinée dont on dit « qu'elle frappe les hommes, les choses, les événements et même les dieux... » peut être contrôlée, à défaut d'être maîtrisée.

Voici quelques moyens pour se concilier les destins favorables et conjurer ceux qui ne le sont pas.

– Accepter l'idée que tout ce qui est phénomène et émotion... a une ou des causes déterminées. Ce qui permet de prévoir leur arrivée, leur effet et leur conséquence.

– Ne pas mélanger les genres.

Le verbe prévoir est à dissocier des verbes prédire, prophétiser, augurer, pronostiquer...

Prévoir est « voir à l'avance, juger qu'une chose sera ou ne sera pas et dire comment elle sera... ». Et cela par l'observation, l'analyse et la déduction de données justifiées.

Prévoir, c'est envisager toutes les possibilités afin de choisir la meilleure, celle qui est la meilleure pour l'équilibre, le bien-être et l'authenticité.

Prévoir permet de ne rien craindre, d'éviter des souffrances et de préparer des éventualités auxquelles on ne pensait pas. Prévoir est le fondement, le moyen de toute réussite.

Alors que prédire, pronostiquer, prophétiser, augurer, dévoiler consistent à annoncer comme devant être ou comme devant se produire un événement qui n'a pas de fortes probabilité d'arriver.

La différence sur le plan de l'espérance est fondamentale entre prévoir son destin afin de s'en accommoder positivement et écouter ou faire des prédictions qui, étant obligées d'arriver, sont à supporter passivement.

Prévoir est un acte de foi et d'ouverture ; prédire est un acte de soumission et de fermeture.

Notre état présent est l'effet de nos états antérieurs et la cause de celui qui va suivre.

Mais il y a un « mais » !

Le concept de la probabilité affirme qu'il existe des phénomènes qui ne peuvent être déterminés et qui, par là même, comportent une part de hasard.

Il y a le destin qui peut être lu dans le Grand Livre de notre Vie, et s'il est écrit, c'est qu'il existe, et il y a le hasard qui fait partie bien sûr de notre destin mais qui, quelque part, empêche d'avoir une lecture aussi exacte qu'on le souhaiterait. Le hasard limite la connaissance positive que nous pouvons avoir de notre destin en perturbant la trajectoire prévisible de certains événements.

En conclusion, prévoyons notre destin afin de réussir notre destinée mais retenons que celle-ci sera forcément perturbée par des hasards imprévisibles par définition.

Pour nous consoler, imaginons que, malgré tout, ces hasards faisant partie de notre destin peuvent être programmés en tant qu'événements possibles en temps mais pas en heure !

Les livres du destin aztèque

Les prêtres aztèques accordaient une très grande importance à leurs livres du destin (Tonalamatl) qu'ils étudiaient dans leur collège-couvent-observatoire (Calmecac).

Dans ces Livres étaient consignées les influences divines, les observations astronomiques, les orientations de l'univers; cela pour chaque jour de leur calendrier qui avait trois cycles. Un cycle divinatoire de 260 jours, un cycle solaire de 360 jours + 5 jours néfastes et un cycle vénusien de 560 jours.

La tragédie aztèque fut de croire aveuglément aux signes du destin. L'étonnante victoire de l'Espagnol Cortés sur la puissance mexicaine vient de la soumission des Aztèques à leurs Livres du destin.

Leur dieu Quetzalcoatl avait promis de revenir dans une année du signe du Roseau (Cec-acatl). Or, Cortés débarqua une année du Roseau!

Tout était écrit et tout est donc arrivé. Le présage terrible du « retour des dieux » écrit dans le Grand Livre du Destin annonçait de grands bouleversements. Ils eurent bien lieu dans la mesure où le roi d'alors et ses sujets étaient préparés à cette fatalité.

La doctrine des « fins dernières » ou eschatologie

Le mot « eschatologie » – du grec *eschatos* qui veut dire dernier – définit la croyance en la métempsycose – ou migration des âmes – et en un nirvana – fin de cycle karmique et état de bonheur parfait.

L'eschatologie résulte soit d'un destin inéluctable, soit d'une intervention des dieux. Celle-ci se faisant sous forme de déluge, d'incendie cosmique, de chute d'étoiles, d'obscurcissement du soleil, de refroidissement, de sécheresse...

La doctrine « des fins dernières » a été conçue à par-

tir d'une constatation. L'existence est remplie de contradictions, de souffrances et d'absurdité. Se mélangent le
plaisir et la souffrance, la justice et l'injustice, la vérité et
l'erreur, la paix et la guerre...

Devant une telle tragi-comédie, l'homme a trois solutions :

– Superposer au monde temporel contradictoire et
inconséquent dans lequel il vit, un autre monde qui sera
celui-là éternel et parfait. Tant qu'à faire, autant l'inventer
idéalement achevé, admirable, exemplaire, sublime..., un
chef-d'œuvre de beauté, de bonté, d'esthétique et
d'amour.

Mais demeurent des questions sur cet autre monde :
comment l'atteindre et quand, et dans quelles conditions ?

Les religions utilisent cette solution mystique en y
introduisant la foi, les indulgences, les punitions, les
récompenses, la miséricorde, le purgatoire, l'enfer et bien
sûr le paradis...

– Exprimer sa douleur, ses regrets et sa nostalgie et
se répandre en lamentation sur un « paradis perdu » où
tout le monde était heureux. Ce mythe de l'âge d'or qui
préexistait est de la même veine que celui de Platon avec
ses « réminiscences », avec cette différence que le
mythe de « paradis perdu » de Platon invite à des
réflexions et à une culture philosophique, ce qui en soi est
éminemment dynamique.

– Espérer une autre vie où les contradictions
n'existent pas ou plus. Cette dernière solution inclut une
idée d'optimisme et de dynamisme très favorable à une
progression et à une réussite personnelle.

L'espérance dans une autre vie découle de l'observation des cycles et du principe de « l'éternel retour ».

ENERGIE

L'énergie est la vie de l'âme...

Il existe en nous une **puissance cosmique**, une énergie qui n'est pas organique.

Nous sommes réellement portés, enveloppés, habités... par une énergie qui agit sans organe et sans matérialité et donc sans pesanteur.

Cette énergie passe à travers notre corps en ignorant le temps, l'espace, les volumes. Cette énergie n'est pas assujettie aux lois de la physique et de la chimie. Elle est éternelle et immortelle et agit à notre insu.

Elle est inconnaissable par la raison et par « un esprit de laboratoire ». Aucune théorie de la vérité n'est capable de l'expliquer. Seule l'intuition, qui est notre fonction irrationnelle, peut l'imaginer.

Mais une question s'impose et se pose : si cette énergie n'est pas connaissable par la science, c'est qu'elle n'existe pas ?

La réponse est double : « oui, elle n'existe pas » pour les esprits purement scientifiques et « non, elle existe » pour les intuitifs.

La vérité est que seules des spéculations non-orthodoxes et des investigations intuitives sont capables de comprendre cette énergie.

C'est pourquoi l'ésotérisme, qui permet une identification plus ouverte et plus large, plus profonde et plus complète et surtout plus cohérente en associant le rationnel et l'irrationnel des réalités, est particulièrement utile pour approcher et tenter d'expliquer l'inconnaissable.

Nous sommes des « forces en action »

Cette énergie – et ce mot vient du grec « energeia » qui signifie « force en action »– est en nous, à la portée de notre main. Or, elle est souvent méconnue et donc inemployée, et pourtant elle ne demande qu'à obéir à notre volonté et à notre puissance imaginative. Cette énergie n'est pas d'origine démoniaque ou pathologique : elle est la force vive naturelle et éternelle du vivant.

Cette énergie peut être « réveillée » par plusieurs moyens. Il faut surtout savoir qu'il est possible d'influencer les énergies des autres personnes en « allant à la rencontre », en agissant sur et par la sensibilité, l'affectivité et l'imagination. Une concordance doit être réalisée entre l'émetteur et le récepteur.

Nos pensées sont des décharges de cette énergie qui est en nous. Pour reprendre la conception de la structure moléculaire des atomes, on peut dire que nos pensées sont des associations de molécules d'énergie qui peuvent se faire dans notre propre psychisme mais aussi dans et avec le psychisme d'autres personnes.

La Grande Mémoire – ou inconscient collectif – est le milieu où évoluent nos Pensées. On peut parler d'ambiances ou d'atmosphères – qu'importe le mot – pour définir ces espaces dans lesquels se retrouvent nos pensées et donc nos affections et nos émotions.

L'énergie est intelligente et notre intelligence est de l'énergie

Les énergies qui sont en nous ont des sources différentes :

– des sources physiques :

Il s'agit d'énergies viscérales, instinctives et sexuelles. Cette énergie a besoin de se ressourcer par l'alimentation, des contacts avec la nature et la terre ;

– des sources affectives et émotionnelles rationnelles;
– des sources irrationnelles.

Ce sont celles-là qui nous intéressent et les questions sont : quelles sont ces sources irrationnelles et
quels sont les canaux qui transmettent ces énergies?
Il n'est guère facile de répondre à ces deux interrogations.
Disons modestement que les énergies irrationnelles
viennent « d'ailleurs ». Il ne s'agit pas d'expliquer cet ailleurs puisqu'il ne peut être appréhendé par la raison.
On peut supposer que cet « ailleurs » est partout et
nulle part, dans une dimension spatio-temporelle qui nous
échappe ou dans un centre énergétique à l'image d'un
« soleil intelligent ».
En revanche, les moyens – que j'appelle canaux –
pour bénéficier des énergies irrationnelles sont connus :
l'intuition, les rêves, y compris les rêves éveillés.
Des rencontres avec nos anges – nos guides de
lumière – et cela au moyen de techniques appropriées.

Notre énergie omni-tout...

Retenons que nous sommes porteurs d'une énergie
dont il n'est pas prioritaire de vouloir connaître les ori-
gines, à moins de se plonger dans des recherches infinies, à l'image des espaces cosmiques qui nous
entourent.
Cette énergie nous fait vivre, évoluer et paradoxale-
ment mourir de notre vie terrestre afin de nous faire renaître différemment. On voit donc combien il est important de bien utiliser cette énergie omniprésente, omni-
potente et omnisciente (qui sait tout).
Très peu de personnes se préoccupent et exploitent
leur énergie à bon escient. Il ne s'agit pas de se donner
des énergies en qualité et en quantité qui ne nous
conviennent pas. C'est pourquoi il est capital de connaître

quelles sont nos orientations actives les plus bénéfiques, quel est notre environnement le plus favorable, quelles sont les personnes les meilleures pour notre bonheur et épanouissement.

L'exploitation de nos énergies sur le plan terrestre est une chose. Elle dure le temps de notre vie physique.

Une exploitation, pourrait-on dire céleste, en est une autre. En effet, nos énergies, à l'instant de notre désincarnation, se mettent exclusivement au service de notre vie cosmique dans l'Au-Delà.

Nous avons en nous des énergies actives

Voici une séquence de vie que nous connaissons tous.

Aujourd'hui comme hier, nous nous réveillons avec des idées plein la tête et des sentiments plein le cœur. Les uns sont optimistes, les autres sont mélancoliques et inquiétants.

Et nous nous interrogeons, tout en prenant notre petit café du matin.

— Comment faire pour obtenir le petit capital nécessaire pour créer l'affaire dont nous rêvons ?

— Comment et quand obtenir cette augmentation de salaire que nous attendons ?

— Quelle va être la décision de cet inspecteur des impôts à qui nous avons demandé des délais de paiement ?

— Quand va apparaître l'âme-sœur que nous espérons de tout cœur ?

— Comment dire à nos enfants que nous les comprenons ?

— Comment faire pour rendre heureux, et encore plus heureux, les êtres que nous aimons ?

— Quel remède prendre pour supprimer ces malaises qui nous obsèdent ?

– Comment? Comment? Comment? Comment?

Mais nous ne disons rien, nous ne demandons rien, nous remettons à demain ce que nous nous promettons de dire et de faire.

Et chaque jour est un même jour. Nous ne faisons pas le même pas, nous n'osons pas faire le premier geste. Et notre cœur bat plus vite et de l'inquiétude s'installe.

Puis, soudain, nous ressentons en nous une puissance qui nous oblige à agir. Nous voilà transformés en héros malgré nous, dotés d'une énergie que nous ne soupçonnions pas. En quelques secondes, nos doutes et nos incertitudes s'évanouissent, nos attitudes de défense et de défaite font place à des enthousiasmes et à des responsabilités. Nous sentons en nous des forces positives et actives.

Que s'est-il passé? Notre mental et notre psychisme ont été aiguillonnés par une surcharge de stress. Ce fameux stress qui est notre pain quotidien et qui, en certaines circonstances, peut devenir un remarquable outil de progression et de réussite.

Nous connaissons tous cette locution française « mais quelle mouche l'a piqué? ».

Elle s'adresse à des personnes réservées, calmes, plutôt timides qui soudainement s'enthousiasment, s'emportent, se passionnent, font tomber les obstacles et touchent au but en vainqueur.

Voilà ce qu'est capable de faire un stress maîtrisé. Mais il faut des techniques « spéciales énergies » pour nous aiguillonner afin de faire agir les énergies qui sont en nous.

Un premier conseil s'impose lorsqu'il s'agit de profiter des énergies ensommeillées dans notre subconscient : ne pas attendre d'être dans un état de stress maximum, ne pas attendre d'être en surcharge de stress car après une flambée d'énergie, celle-ci va retomber comme un pétard mouillé.

Voilà pourquoi il faut **aiguillonner** notre potentiel

d'énergie active sans attendre un état ponctuel de mal-aise et de mal-être. Ce potentiel est disponible à la première demande et ce faisant, nous nous affirmons, nous communiquons mieux et nous pouvons réussir au-delà de nos espérances. Car la vérité est là : puisque nous avons ce « détonateur » – cette mouche – pourquoi ne pas l'utiliser amplement, sereinement et profitablement ?

C'est une évidence ! Nous avons un capital d'énergie qui s'auto-utilise en cas de surcharge de stress, alors pourquoi attendre d'être stressé pour nous en servir ?

La question est de savoir comment faire fructifier ce capital et comment déclencher l'énergie positive qui résout tout.

Il y a des résultats et des réussites qui tiennent du miracle, or, le miracle est en nous. A nous d'aller le chercher.

Voici quelques techniques pour profiter de nos énergies actives.

Première méthode : l'action

L'action est la première méthode pour profiter du capital énergie qui est en nous.

Il suffit d'ailleurs de penser à agir et de commencer à agir pour que le mécanisme se mette en route.

Par exemple, se répéter « Je vais faire quelque chose... » est suffisant pour déclencher des réflexes conscients et inconscients.

L'action n'exige pas de se lancer dans de grandes entreprises. Ce n'est pas agir pour agir qui est important mais l'obligation qu'on se donne à soi-même d'agir ainsi que le support mental et affectif de notre action.

Arroser des fleurs, faire du bricolage, écrire un poème, cirer des chaussures, peindre des volets, laver sa voiture, téléphoner à un ami dans la peine... sont autant d'actions qui obligent à contrôler un outil, une situation, à maîtriser une émotion et surtout à s'occuper l'esprit.

Puis, avec le temps, s'imposent à l'esprit un sujet, une activité, un art qui passionnent.

Les actions premières diversifiées qui consistaient seulement à être occupé engendrent un besoin d'agir orienté vers telle action particulière qui correspond aux tendances, aux désirs, à la personnalité fondamentale.

Deuxième méthode : l'auto-analyse

Tout commence par un bilan personnel.
Qu'est-ce à dire ?
Il s'agit de réaliser une synthèse de notre vécu avec nos expériences et notre « compte profits et pertes ».

Un bilan personnel permet de déterminer ses objectifs, d'analyser les obstacles de la vie, d'acquérir un équilibre intérieur, d'avoir le sentiment profond d'une réalisation personnelle réussie.

Un bilan personnel et une détermination de ses objectifs sont les deux préalables essentiels à tout développement et épanouissement.

Un bilan personnel peut se faire sous forme d'autobiographie. Il faut se servir de sa mémoire et de celle des autres (parents notamment) et relire ses agendas et journaux personnels.

A ce sujet, je n'insisterai jamais assez sur l'utilité d'un **journal intime**.

Le conseil est de noter, tous les jours que Dieu fait, dans un grand agenda, le vécu de notre journée, nos pensées, nos actions, nos émotions, nos espoirs, nos regrets, nos maux...

Avec le temps, le journal intime permet une connaissance de Soi d'une exceptionnelle richesse. Le journal intime est un ami « à qui l'on dit tout », que l'on retrouve dans des moments de doute, d'inquiétude, de remise en question et de recueillement. Il « écoute » les sentiments et les émotions que l'on ne dit pas aux autres, il retient – sans juger – nos colères et nos fantasmes, il se souvient de nos confidences.

C'est pour tout cela que notre journal intime permet de faire un bilan de notre vie, de mettre de l'ordre dans nos idées et dans nos sentiments. Il est notre Psy personnel et disponible !

Dans cette méthode de l'auto-analyse entrent l'analyse des rêves ainsi que la technique des « associations libres ». Celles-ci permettent de prendre conscience des souvenirs relatifs notamment à la petite enfance. Ce qui est favorable pour connaître les forces vives qui sont en nous et pour avancer vers la résolution de problèmes personnels.

Les trois objectifs de l'Auto-analyse, d'après la psychanalyste américaine, Karen Horney, sont :

— « S'exprimer complètement et franchement » ;
— « Prendre conscience de ses pulsions inconscientes et de leur influence sur la vie ».
— « Acquérir la faculté de changer les attitudes qui gênent les relations avec soi-même et le monde extérieur ».

Troisième méthode : la méditation

Méditer, c'est concentrer son esprit avec attention et méthode sur une idée afin de la connaître en profondeur et d'en tirer des leçons. C'est passer en « ondes alpha » comme dans la relaxation.

Méditer, c'est faire une « plongée » intérieure, tandis que les intérêts du monde extérieur sont momentanément suspendus. En effet, méditer crée des modifications de l'électroencéphalogramme et du rythme alpha, accompagnées d'une déconnexion mentale et donc d'une rupture avec le monde extérieur.

Un ralentissement du métabolisme général, et plus particulièrement cérébral, témoigne que des phénomènes organiques se produisent.

En voici quelques-uns : mise au repos des muscles, baisse de la consommation de l'oxygène, diminution du rythme respiratoire...

Les techniques de méditation enseignées par les différentes écoles sont toutes inspirées du yoga. Une autre technique est le « Training Autogène ».

Une posture recommandée pour pratiquer la méditation est la suivante :

– Garder le dos droit en étant assis dans la position de préférence du Lotus ;

– Placer les paumes des mains vers le haut et rester immobile pendant vingt minutes.

Il ne faut pas fermer les yeux pendant la méditation afin de ne pas s'endormir. En revanche, les yeux ouverts, il faut fixer le regard à quelques dizaines de centimètres sur un objet.

Pour « entrer en méditation », il peut être utile, sinon nécessaire, d'utiliser une technique respiratoire et enfin de « dire des prières », c'est-à-dire des mantras ou des groupes de syllabes sacrées.

Quatrième méthode : prise de conscience de soi

Par une prise de conscience de soi, nous fixons notre attention sur notre existence. Une prise de conscience permet de répondre aux questions suivantes :

« Qui suis-je ? » ; « Quel est mon futur ? » ; « Que dois-je faire pour être heureux ? » ; « Quel est mon appartenance sur la terre, dans le Système solaire, dans l'Univers ? » ; « Quel est le sens de la vie, de ma vie ? » ; « Où vais-je ? »

Cette prise de conscience se fait par une analyse intellectuelle et psychologique et par des investigations philosophiques, sensorielles, biologiques, cosmiques.

En effet, nous recevons des informations par l'intermédiaire de nos sens qui les enregistrent continuellement.

La perception de ses propres caractéristiques permet à la fois de se connaître soi-même mais aussi d'analyser les différences que l'on peut avoir avec les autres et le monde extérieur.

Une prise de conscience de Soi est indispensable pour réaliser son Identité.

Cinquième méthode : l'auto-hypnose

Un état d'Auto-Hypnose s'obtient par de l'auto-suggestion.

Des phrases ou des mots répétés selon un rythme, un son et un ton spécifiques ont pour vocation d'endormir la conscience.

Il s'agit là d'une sorte d'hypnose verbale qui permet de modifier la conscience.

L'Auto-Hypnose est efficace par exemple pour soigner des insomnies, pour venir à bout de mauvaises habitudes, pour se guérir d'obsessions.

Mais surtout l'Auto-Hypnose permet d'augmenter son pouvoir de concentration, de s'évader d'un présent trop absorbant et tourmentant et de maîtriser le stress dont on peut souffrir.

La formule magique de l'Auto-Hypnose a été écrite par l'écrivain John LILLY :

« Dans le royaume de l'esprit, tout ce que nous pensons être vrai est vrai ou devient vrai. »

Sixième méthode : la respiration

L'air est notre première nourriture. Et notre respiration est la preuve de notre vie.

Notre rythme respiratoire varie pendant la journée, il s'accélère, il s'arrête, il reprend...

Les rythmes de notre respiration révèlent nos états d'âme. C'est pourquoi notre respiration, qui nourrit notre système circulatoire et notre cerveau où se trouve notre système nerveux, doit faire l'objet de tous nos soins.

Or, on pense à travailler, à gagner, à jouir, à se destresser... mais on ne pense pas à bien respirer !

Apprendre à respirer, jouer avec sa respiration permet d'agir sur le conscient et l'inconscient.

Le Yoga est une des méthodes qui utilise la respiration pour modifier la conscience.

Septième méthode : les prières

Une prière est une demande adressée à une divinité ou à autrui.

Une prière, lorsqu'elle est rayonnante, passionnée, fervente, répétitive... conditionne le conscient et l'inconscient « en positif ». Mais attention, une prière ne doit pas être considérée comme une supplication larmoyante, une marque d'aveugle adoration ou l'aveu d'un état de faiblesse chronique.

La prière entre dans la technique de la psalmodie qui est une des manières la plus efficace pour modifier la conscience.

Il s'agit d'émettre des sons sur un certain ton. Les syllabes jouent alors avec la respiration et le souffle.

La fameuse phrase du docteur Coué « Tous les jours, à tous points de vue, je vais de mieux en mieux » peut être considérée dans une certaine mesure comme une prière positive.

Huitième méthode : les mouvements

Le mouvement est l'expression de notre vie. Même lorsque nous sommes immobiles, nos organes bougent. Ils se contractent, travaillent, sécrètent, tressaillent, se tendent et se détendent...

Marcher, danser, courir, pratiquer certains sports comme le golf... permet d'agir sur le conscient et l'inconscient.

C'est ainsi que la thérapie par la danse permet de soigner et de guérir des malades se trouvant dans des états catatoniques.

Un mouvement exécuté avec satisfaction et sérénité permet certes une expression et une réalisation mais, de plus, il autorise une prise de conscience de soi par tout un jeu de gestes spontanés et personnels quant au style et à l'esthétique.

Bondir, sauter, trépigner, remuer la tête, les yeux, la bouche, le cou, les épaules, le ventre, les bras, les mains, les hanches, les pieds... permet d'éliminer des toxines, d'activer la respiration et par là même d'agir sur le mental.

Neuvième méthode : les rêves éveillés

Le processus de la rêverie permet de se laisser emporter par le flux de l'imagination. Apparaissent alors des images qui sont les supports des rêves et des fantasmes.

Or, les rêveries et les fantasmes contiennent des vérités sur notre passé, notre présent et notre avenir. La technique du rêve éveillé permet d'être relié à la fois à l'inconscient collectif constitué de symboles universels (les archétypes) et à notre inconscient personnel.

L'important dans le processus des rêves éveillés est de se laisser « porter » par tout ce qui passe par l'esprit. Celui-ci sécrète alors une sorte de fluide qui neutralise les notions d'immédiat, les sources de stress, les préoccupations obsédantes.

Et il s'en suit des modifications de la conscience.

Dixième méthode : le yoga

Pratiqué avec sérieux et méthode, le Yoga donne de l'équilibre. Il corrige les postures défectueuses, modèle le corps et en jouant sur la respiration, il conduit à un état de calme intérieur et à un développement personnel.

L'un des avantages de la technique du Yoga est de libérer des forces intérieures qui agissent sur le conscient et l'inconscient.

Il existe plusieurs sortes de Yoga. Les huit stades dans l'apprentissage du Yoga sont :

Les abstinences (non-violence, indifférence à l'égard de la fortune)..., les développements de soi (par l'austérité, la modération, la pureté), les positions (84 positions fondamentales peuvent être réduites à 21), le contrôle de la respiration, le détachement des sens, la concentration, la méditation, et enfin l'extase, la béatitude.

Il faut surtout retenir le Yoga Nitra (ou Yoga du sommeil éveillé) qui agit sur le stress et le surmenage.

Onzième méthode : l'art-thérapie

La pratique d'un art – chanter, danser, peindre, jouer d'un instrument, faire du théâtre...– agit sur notre corps et sur notre inconscient à la manière d'une « purification ».

Les philosophes grecs conseillaient aux personnes souffrant d'une grande émotivité ou tourmentées par un problème ou une passion de jouer la tragédie. Cette méthode – appelée Catharsis – permet de vivre de « fausses » émotions et passions. En s'impliquant corps et âme dans le jeu tragique, il se produit des chocs psychothérapeutiques qui peuvent faire disparaître les symptômes pathologiques.

D'où le sens de purification et de purgation.

C'est ainsi que la création artistique est un moyen remarquable de révéler le potentiel d'énergie active qui est en nous.

Douzième méthode : la sophrologie

Alfonso Caycedo, psychiatre espagnol, a combiné la relaxation et l'hypnose.

La méthode dite de Sophrologie a pour but d'atteindre un état de conscience dit « modifié » se situant entre la veille et le sommeil.

Ce niveau « sophrolominal » est obtenu par une relaxation (rôle du confort, de la respiration, de la détente musculaire) et d'une visualisation (importance de l'imagination)

Treizième méthode :
la programmation neurolinguistique PNL

Les cinq sens apportent des informations qui, en se combinant, fournissent un « modèle du monde ».

Or, celui-ci est propre à chacun de nous exactement comme le sont les empreintes digitales.

Nous avons donc des références personnelles pour expliquer ce que nous ressentons du monde extérieur comme pour expliquer ce que nous ressentons à l'intérieur de nous-même.

Il est donc évident que « les mots pour le dire » sont différents et que des difficultés de communication sont prévisibles.

Partant de cette constatation, un psychologue américain, Richard Bandler, et John Grinder, professeur de linguistique, ont mis au point une technique complexe dite PNL.

Celle-ci a pour vocation de « faire parler le même langage » aux personnes qui ont des communications à se faire.

Quatorzième méthode : les thérapies

Il existe de nombreuses thérapies. Pour mémoire, rappelons les thérapies du développement, les thérapies de la communication (École de Palo Alto), les thérapies subliminales, l'art-thérapie (dessiner, chanter...), la psychosynthèse (méthode de Roberto Assagioli)...

Les énergies de Saint-Eustache

Le cœur du chœur de l'église Saint-Eustache est un de mes centres énergétiques où je puise, à la source, des énergies cosmiques, divines – qu'importe le nom.

A cet endroit précis, où se croisent les grandioses nefs de cette cathédrale, je reçois des énergies que j'appelle « de lumière et de prière ». Je reçois les énergies de la lumière enrichie des couleurs des vitraux, qui, en jets d'une rectitude parfaite, me pénètre comme des rayons laser et je reçois en même temps les énergies accumulées de mille ans de prière. C'est alors que mes angoisses diffuses s'effacent et qu'au contraire, je ressens des sentiments de bien-être. Bientôt une force sereine me fait respirer mieux. J'élimine les énergies négatives reçues « de l'extérieur » en fréquentant des lieux et des personnes irradiés par des ondes destructrices. Ma vision du monde s'élargit et je regarde la nature avec des yeux décilés. Une force vitale m'emplit et rayonne autour de moi, comme si je marchais sur un rayon de lumière. Je regarde les arbres, les animaux, la terre, les pierres, les couleurs, le ciel... Je communique avec eux et je m'imprègne de leurs énergies.

A MEDITER :

« D'après la science, toute particule de matière possède une énergie : cette énergie est le principe masculin et la matière le principe féminin. Le corps physique qui est de la matière possède aussi une énergie, et c'est cette énergie que l'on appelle l'âme » (Aï Vanhov).

ESPRIT

Esprit es-tu là?

Quelle est la différence entre la pensée et l'esprit?
Les scientifiques, à cette question répondent : « La pensée est l'effet de l'activité électrique et chimique du cerveau. Celui-ci n'étant qu'un organe comme un autre de notre corps. »

Pour appréhender le phénomène de l'Au-Delà et de la Réincarnation, il faut dissocier la pensée et l'esprit. Il faut accepter l'idée que notre esprit peut exister indépendamment du cerveau, au-delà de l'enveloppe corporelle.

Autant la pensée résulte de l'interaction des neurones qui composent notre cerveau, autant l'**esprit** n'est pas soumis aux circuits et aux excitations de l'organe-cerveau.

On pourrait penser qu'une **détérioration** du corps touche l'esprit. Or il semble qu'il n'en est rien. L'intégrité de l'esprit n'est en rien affectée par une mutilation. Lorsque des cellules du cerveau sont « bousculées », l'esprit continue à vivre sa vie. En revanche, la compréhension des événements peut être perturbée en « négatif » mais aussi en « positif » par des révélations.

Certains scientifiques prétendent que l'esprit n'existe pas. Par exemple, des « scientifiques mécanistes » affirment que des causes physiques du système nerveux central sont les conséquences des événements survenant dans le corps. Cette assertion démystifie une quelconque spiritualité de l'homme, pour en faire un objet matériel.

Cette affirmation est contraire aux doctrines religieuses qui insistent sur le fait que nous avons des pensées et des facultés de décision qui agissent sur notre comportement.

Le combat a toujours existé, et existera longtemps entre « mécanistes et spiritualistes du cerveau ».

On ne brule plus les sorcières !

Les sciences officielles, qui apparentent les parapsychologues à des sorciers, ne peuvent plus de nos jours ignorer le paranormal.

La vérité est que l'esprit humain – comme celui de tout ce qui est vivant – a une double puissance.

La première, qui appartient à tout le monde, sert à la compréhension des « choses ordinaires ». La seconde appartient à des êtres doués et surdoués dans des domaines qui leur sont propres.

Des expériences sous le contrôle de scientifiques ont prouvé que l'esprit humain avait de mystérieux pouvoirs.

Voici quelques exemples :

L'Abbé Mermet trouve, grâce à sa baguette et bien sûr à certaines particularités de son esprit, de l'eau, des objets archéologiques, des personnes disparues. Certes, nombre de radiesthésistes qui pratiquent la Rabdomancie – tel est le nom de cette méthode – ont les mêmes pouvoirs.

Mais l'Abbé Mermet est particulièrement célèbre pour avoir prédit et découvert la perte corps et biens du dirigeable de l'expédition *Nobile* au pôle Nord.

En 1932, il « voit » qu'un jeune garçon de six ans, qui a disparu du domicile de ses parents dans le Valais en Suisse, a été emporté par un oiseau de proie. Il « voit » l'envergure des ailes de l'oiseau et son repaire, où l'on retrouvera l'enfant déchiqueté.

Les « voyances » du parapsychologue hollandais Gérard Croiset sont célèbres. La justice et la police ont demandé très souvent le concours de ce voyant exceptionnel pour des localisations d'objets et de personnes. Le greffe du tribunal de la ville de Leeuwarden en Hollande peut en témoigner (Communication

faite par le Professeur Tenhnaff au congrès de parapsychologie de Utrecht en 1953).

La NASA fit appel pour des expériences astronomiques à propos de Jupiter et de Mercure à deux
clairvoyants, Swann et Shermann. Leurs « voyances »
étaient plus précises que les calculs des ordinateurs.

Des centaines de témoignages vérifiés prouvent que
l'esprit humain est capable de réaliser des exploits paranormaux en utilisant ses doubles pouvoirs.

L'esprit est l'œil de l'âme

Les mots que nous prononçons et qui sont fabriqués
par nos cordes vocales sont des vibrations. Celles-ci sont
recueillies par le cerveau via le tympan et les nerfs.

Nous entendons une vibration qui est décodée selon
notre système de références. Nos aptitudes intellectuelles sont alors concernées.

Or, notre esprit – et non plus notre intelligence –
émet lui aussi des vibrations. Celles-ci, qui ne passent pas
par des supports organiques, sont inaudibles. Elles ne
peuvent être captées que par un autre esprit. Si les deux
esprits « sont sur la même longueur d'ondes », il y a
compréhension et sympathie.

Les émotions et les sentiments, les joies et les
peines, tous ces mots exprimés sont immédiatement
compris et vécus identiquement.

Comme les manifestations de notre Esprit passent
par notre cerveau pour être décodées, il est difficile de
faire le tri entre les informations venant de notre corps (le
cerveau) qui ne peuvent qu'être imparfaites et sujettes à
des influences et celles venant purement et célestement
de notre esprit.

Pour « entendre » ce que notre esprit a à nous dire,
écoutons nos rêves. Puisque ceux-ci sont « la voie
royale » qui conduit à notre inconscient.

Il est dommage de ne pas recevoir et utiliser les inspirations pleines de vie, de joie et d'enthousiasme que notre Esprit nous réserve. Et la question reste de savoir comment se brancher et être à l'écoute de cet Esprit qui est en nous, hors de nous, qui nous connaît mieux que nous.

Notre esprit ne meurt pas

Notre esprit ne meurt pas puisqu'il est immatériel. Il « l'est » en passant d'un corps à un autre, au sein d'une même famille d'êtres.

Les rêves permettent des communications avec des Esprits dont les corps sont défunts. Mais attention, le mot esprit ne veut pas dire fantôme ! Qui n'a pas rêvé en effet de son père, de sa mère décédée, d'un membre de sa famille, d'une personne qui n'existe plus sur terre ?

La réincarnation va toujours dans le sens du passé vers le futur. Or, il peut être intéressant de « remonter dans le temps » afin de revivre des époques passées.

Pour conclure, il faut retenir que les êtres humains sont différents de par leur race, leur famille, leur milieu, leurs dispositions propres et leurs acquis. Ces différences ne concernent pas l'Esprit. En effet, autant le corps – et donc la conscience et les pensées qui sont l'apanage du cerveau – se désagrègent au moment de la mort, autant l'Esprit, immatériel par définition, n'est pas concerné par cette destruction de la matière.

L'Esprit est comparable à une flamme identique pour tous mais chacun se sert de cette flamme selon ses particularités.

On peut également comparer l'Esprit à une mer dont les eaux baignent les rivages de pays différents. Par exemple, les vagues de la Méditerranée sont-elles différentes pour un français, un italien, un espagnol, un tunisien, un grec... certainement pas. L'Esprit – comme l'eau – est identique pour tous les riverains, seules les pensées changent. Ce qui veut dire que nous sommes tous reliés par L'Esprit à un Esprit unique qui nous donne des impressions et des connaissances identiques. Nous voilà donc illuminés pareillement par un même Feu. Dans notre quintessence, dans notre pureté céleste, nous nous ressemblons tous.

EXPERIENCE

« Plus souvent on meurt, plus intensément on vit... » (Max Beckmann)

Les expériences métaphysiques ne sont pas uniquement réservées à des privilégiés. Certes, des personnes possèdent une réceptivité intellectuelle et psychologique particulièrement développée qui leur donne des capacités psychiques intéressantes pour recevoir des messages de l'Au-Delà et communiquer avec les guides – L'Ange et autres entités – et enfin pour réaliser des phénomènes paranormaux, guérir...

Ne cherchons pas à expliquer au moyen des sciences physiques et de la psychologie orthodoxe tous ces phénomènes par lesquels l'être humain obtient des relations « anormales » avec son environnement psychique et avec ses semblables.

Ces phénomènes sont inexplicables, c'est pourquoi tous les faits de connaissance extrasensorielle, comme la transmission de pensées, la voyance, la télépathie entrent dans le domaine de la parapsychologie.

Nous pouvons tous un jour faire une expérience métaphysique lorsque notre conscience s'ouvre à des événements qui défient la raison.

Cela se passe après un accident ou une maladie, après une rencontre avec un personnage possédant un charisme exceptionnel, après une visite dans un endroit chargé d'une énergie que l'on ressent et que l'on ne s'explique pas (une chapelle, un site religieux, un lieu de culte religieux ou profane).

C'est alors qu'une nouvelle prise de conscience éclaire la personnalité tout entière. Quelque chose a changé dans l'esprit, le cœur et même le corps. On peut parler **d'expérience personnelle**. La vie est vue différemment et le quotidien est vécu selon d'autres références. Des besoins de réflexion et de méditation s'imposent, même l'alimentation, l'habillement entrent dans une métamorphose. L'entourage et les proches sont souvent étonnés et même perplexes, parfois inquiets des changements opérés.

Il est vrai que des sentiments de bien-être et de bonheur intense vont de pair avec des besoins de lecture, de spiritualité et de « purification » de trop fortes contingences matérielles. L'amour ne fait plus peur et une générosité d'esprit et de cœur rayonne de telle manière que les autres sont attirés par ce charisme indépendant de la volonté.

Expérience et émergence

La psychologie transpersonnelle parle de « crises d'émergences spirituelles » lorsque est ressentie une impression de « passer dans une autre dimension ». Les sentiments et les désirs ordinaires sont alors transcendés. Ces états de conscience s'acquièrent par la méditation et le rêve, mais aussi par l'acceptation et le vécu de sentiments affectifs et amoureux partagés ainsi que par des enthousiasmes créatifs. Ce que ressentent plus particulièrement les poètes, les artistes et les amants...

Cette émergence spirituelle s'opère souvent d'une façon brutale, ce qui explique des dysfonctionnements à l'intérieur du psychisme. La rapidité des faits révélateurs empêche la psyché de fonctionner comme d'habitude. Voilà pourquoi certaines manifestations parapsychologiques peuvent être confondues avec des troubles pathologiques.

Ces expériences métaphysiques ne sont pas faciles à vivre, d'autant que les recherches sur la conscience n'ont pas permis d'expliquer ces phénomènes. Le cerveau tente d'expliquer le cerveau !

On sait par exemple que les procédés thérapeutiques

de la psychanalyse n'ont donné que de très maigres résultats.

Les expériences métaphysiques ne sont as reconnues par les Sciences officielles qui affirment sans appel que l'univers est essentiellement composé de matière. Quant aux neurologues et scientifiques, leurs appréciations sont tout autant matérialistes puisque pour eux la conscience est le résultat de processus biologiques du cerveau.

Il faut savoir que fort heureusement tous les êtres humains aspirent à vivre ces expériences dites émergences que la psychiatrie relègue au rang d'altération de la conscience.

Nos aspirations pour la beauté, l'amour, la plénitude, le bonheur... sont inscrites dans notre mémoire depuis la nuit des temps.

Platon l'a sublimement raconté dans son *Mythe de la réminiscence*. Ce sont justement ces buts sublimes que sont l'amour absolu, la vraie beauté et un bien-être parfait qui peuvent être côtoyés et acquis lors de ces expériences métaphysiques.

Expérience paroxystique

L'expérience paroxystique n'est pas surnaturelle; elle n'exige ni drogue, ni traumatisme, ni souffrance, ni technique sophistiquée. Elle S'obtient par une prise de conscience spontanée d'une fusion d'une extrême intensité avec un être, un paysage, une œuvre d'art... Une expérience paroxystique constitue l'apogée d'une existence, qui reste gravée dans la mémoire comme une référence transcendantale. L'expérience peut-être mystique, religieuse, profane mais elle demeure un événement qui bouleverse la vie et change la manière de voir les réalités.

Une relation amoureuse et sexuelle particulièrement fusionnelle peut produire une expérience paroxystique. Il en est ainsi pour un alpiniste lorsqu'il contemple et communique avec la montagne, pour un navigateur lorsqu'il est absorbé par la mer.

Un accouchement, une lecture, l'écoute d'une musique, la création d'une œuvre d'art, un état de prière fervente, une retraite dans un lieu isolé, un contact avec le soleil... peuvent aboutir à de telles expériences.

Pour qu'une expérience devienne paroxystique, c'est-à-dire révélatrice d'une nouvelle conscience, certaines conditions sont nécessaires. En voici quelques unes :

- Impression d'unité et de fusion ;
- Sentiment de détachement du reste du monde ;
- Suppression de doutes, d'hésitations mais, au contraire, installation d'un sentiment de confiance en soi, de force et d'énergie ;
- Orientations momentanées et non inquiétantes sur le plan espace-temps ;
- Sentiment intense de liberté, d'autonomie et de libre arbitre.

L'expérience d'Hanna

Nous sommes en 1943, dans la Hongrie occupée par les allemands.

Pendant 17 mois, chaque vendredi à 15 heures, une « voix » parle à quatre jeunes femmes.

Seule survivante de ce groupe, Gitta Mallasz raconte leur expérience dans un livre paru en 1990 aux éditions Aubier sous le titre *Dialogue avec l'Ange*. C'est une autre jeune femme, Hanna, qui entend les messages de cette voix – appelée plus tard l'Ange – et qui les restitue. Les trois autres jeunes femmes notent scrupuleusement ce que l'Ange leur dit par la bouche d'Hanna.

Hanna commence par cette phrase : « Attention, ce n'est pas moi qui parlais. » Mais Hanna qui est une jeune femme lucide, consciente d'elle-même, intuitive et très vive d'esprit déclare haut et fort qu'« elle n'était jamais en transe », que c'est son pouvoir de concentration qui lui a ouvert les portes de cette dimension de vie plus intense. Hanna insiste sur le côté « naturel » de cette expérience.

Gitta Mallasz à un journaliste qui lui pose la question suivante : « La rencontre avec l'Ange est-elle une expérience privilégiée et unique ? » répond « justement non » ! Nous avons reçu cet enseignement dans des conditions ordinaires et nous étions des gens tout à fait ordinaires qui n'avaient jamais pratiqué aucune religion. Le mot Ange n'a pas de résonance religieuse pour moi. Qui est cet Ange ? Chacun d'entre nous et sans aucune exception, a son pareil de lumière, et nous sommes son pareil de matière. L'Ange est notre moitié vivifiante, nous sommes sa moitié vivifiée. Il est notre pareil intemporel, nous sommes son pareil limité dans le temps. Il est notre moitié intuitive, nous sommes sa moitié exécutive dans la matière... » (Interview réalisée par Eric Pigani pour *Psychologie*).

Philémon,
l'ange ou guide spirituel de Jung

Jung raconte dans sa biographie des expériences qu'il réalisait avec son « guru ». C'est ainsi qu'il avait des conversations fort instructives avec un vieil homme, prénommé Philémon, qui lui apparaissait dans ses rêves.

Philémon portait des ailes immenses, était coiffé de cornes de taureau et tenait à la main un trousseau de quatre clés. Ce personnage, dont Jung disait qu'il était né de son inconscient, lui donnait des idées. C'est grâce à Philémon que Jung bâtit sa théorie de la psyché. Les clés du vieil homme symbolisant les clés de la psychologie jungienne.

FUTUR

Personne n'échappe à son futur

De la même manière que nous ne pouvons éviter notre passé – on peut l'oublier et l'occulter ce qui est autre chose ! – et que nous sommes contraints de vivre notre présent – bien ou mal selon nombre de conditions et de décisions personnelles –, nous ne pouvons échapper à notre futur.

La connaissance du futur a de tout temps intéressé l'être humain. Une vérité s'impose en premier lieu : le futur est inconnaissable du fait de la faiblesse de nos connaissances. Mais à cela, les scientifiques mécanistes affirment que « L'avenir fait apparaître d'une manière inévitable ce qui existe au présent ». Cette assertion rigide, étroite et pessimiste est à méditer mais certainement pas à accepter telle quelle.

Heureusement, des penseurs et philosophes plus optimistes associent futur et espoir. Par exemple, le philosophe Berger écrit à propos du futur : « Rien n'est garanti, mais rien n'est fatal ni inexorable. L'avenir est le temps des choses à faire. »

Les croyants purs et durs, quant à eux, s'enferment dans un futur interdit d'espérance et limité aux décisions de Dieu. Leur credo est : « L'avenir n'est à personne, l'avenir est à Dieu. »

Le futur est à connaître. Pourquoi ?

– Par l'urgence à prendre des décisions pour la survie de la planète, de l'univers de l'homme. Par urgence d'envisager des solutions afin que le futur, notre futur ne soit pas un chaos, un désastre, un néant.

– Par curiosité intellectuelle, philosophique, biologique. Cette curiosité va de pair avec une besoin

101

d'être rassuré sur des questions ponctuelles et concrètes.

– Pour calmer nos inquiétudes existentielles et métaphysiques.

– Par prise de conscience que le futur ne sera pas celui que l'on croit, que l'on espère.

– Par instinct de protection. Nous sommes en droit et nous avons le devoir de nous interroger sur des questions de surpopulation, de dangers nucléaires, de pollution, de manipulations biologiques, de dictatures...

« L'homme va béat (surpris, curieux, rêvant, admiratif) aux choses futures » (Montaigne)

La méthode de la **prospective** recherche des tendances, des orientations et des corrélations pour aller voir plus loin que l'instant présent. Il ne s'agit plus ou pas de méditer philosophiquement ou religieusement sur le futur mais d'élaborer ce que les futurologues américains appellent des « arbres de pertinence » (*relevance trees*) et des indices de pertinence » (*relevance numbers*).

Le futur mis en chiffres apparaît son forme de « scénario du futur », où tout est calculé y compris les hasards. Les statistiques sont fournies par des enquêtes sur la santé, la défense militaire, la nature, les ressources planétaires, l'argent, l'intelligence... Or, un futur ainsi programmé n'est plus le futur !

A l'instant où il est orienté – car telles sont les finalités des questions posées et des réponses obtenues par les enquêteurs auprès des ministères et des instituts de sondage et de statistiques –, ce futur mathématique est l'expression d'une volonté qui manque de créativité, d'espérance et d'enthousiasme. La logique chiffrée des ordinateurs et des calculatrices donne un futur synthétique, marqué par un déterminisme, ni religieux ni philosophique, mais électronique.

Déterminisme et indéterminisme

A propos du futur, le professeur Claude Bernard écrit : « Il faut admettre comme un axiome expérimental que chez les êtres vivants, aussi bien que dans les corps bruts, les conditions d'existence de tous les phénomènes sont déterminées d'une manière absolue. »

Or, cette déclaration est contrariée par la théorie de la « limitation quantique ». Le professeur Heinsenberg élabore en 1927 des « relations d'incertitude » bâties sur des prévisions théoriques et des mesures expérimentales. Plus tard, les physiciens Planck et Einstein accréditent la notion d'un déterminisme par des lois physiques. Place à l'imagination, aux intuitions et à une nouvelle vision du monde plus panoramique où des probabilités redonnent un peu de magie à la notion du futur.

Napoléon Bonaparte dans une lettre à Joséphine écrit : « Qu'est-ce que l'avenir ? Qu'est-ce que le passé ? Qu'est-ce que nous ? Quel fluide magique nous environne et nous cache les choses qu'il nous importe le plus de connaître. Nous naissons, nous vivons, nous mourons au milieu du merveilleux. »

Le déterminisme est mort, vive les futurs qui chantent !

Notre futur est notre présent

Notre futur est déjà en nous et nous sommes à chaque instant en train de le construire. Mais alors pourquoi s'intéresser à notre futur puisqu'il n'est rien d'autre qu'un prolongement de ce que nous vivons et de ce que faisons à l'instant ? Et cela de la même manière que ce que nous vivons et ce que nous faisons à l'instant est une conséquence de notre passé.

Et la boucle est bouclée. Passé, présent et futur sont inséparables et confondus.

Or, si nous vivons mal notre présent, nous bâtissons

mal notre futur. Selon la même logique, si nous vivons mal l'instant présent, c'est parce que nous avons mal vécu notre passé. Cette lapalissade insiste sur un enchaînement – on pourrait dire l'enchâssement – du passé, du présent et du futur qui entrent dans le schéma d'une évolution karmique. Ce mot définit un mûrissement, un destin harmonieux et l'arrivée à un nirvana.

En effet, lorsqu'on parle de ces trois temps d'une vie, passé, présent, futur, on pense à la vie physique qui commence par la naissance et se conclut par la mort. Or il faut dépasser le plan du physique. Notre futur ne doit pas être limité aux quelques dizaines d'années de notre séjour sur terre. Même vivre cent ans ne représente qu'une poussière dans l'infini de l'éternité. Notre futur est céleste, cosmique, angélique, illimité. C'est de ce futur-là qu'il faut se rapprocher.

En conclusion, notre avenir est dans nos pensées de l'instant et dans nos choix de sentiments, de loisirs, d'activités d'aujourd'hui. Or ces choix ne sont pas libres. Ils sont orientés par le contenu de nos journées d'hier.

Le secret de la réussite de notre futur réside dans l'analyse de ce que nous n'avons pas fait pour de multiples raisons, bonnes ou mauvaises, dans le passé. Le futur se bâtit avec des matériaux neufs et des créations à faire, non avec des choses faites. Les choses faites servent de fondations.

Et la question doit être « que vais-je faire de nouveau avec mes énergies, mes désirs et mes enthousiasmes inemployés ? ».

GUERISON

Le fluide guérisseur

Le don de guérison, comme le don de voyance ou de télépathie, résulte d'un « fluide vital » relevant d'énergies tout à fait naturelles. Tout le monde possède ces énergies, disponibles selon des intensités plus ou moins fortes.

Guérir – ou du moins apaiser des souffrances et apporter des mieux-être – n'est pas un fait magique mais un acte humain. L'amour guérit plus que les remèdes et pour reprendre une phrase d'Emile Coué, médecin-inventeur de la méthode « La Maîtrise de Soi-Même par l'Autosuggestion Consciente », « Il vaut mieux ne pas savoir d'où vient le mal et le faire passer, que de le savoir et de le conserver ».

Or, pour « savoir d'où vient le mal », il faut avoir une approche de l'autre, de celui qui souffre, humaine, clinique (au bord du lit..), chaleureuse.

Et le docteur Coué écrit « l'autosuggestion est un instrument que nous possédons en naissant, et cet instrument, ou mieux, cette force est douée d'une puissance inouïe, incalculable, qui, suivant les circonstances, produit les meilleurs ou les plus mauvais effets. La connaissance de cette force est utile à chacun de nous... ».

Le charisme du guérisseur est une condition indispensable pour que des guérisons se produisent. A ce sujet, la tentation est grande pour des thaumaturges qui ont de réelles capacités de guérison de se croire envoyés par Dieu.

Une relation privilégiée doit s'instaurer entre le Praticien et son Consultant. Celle-ci est faite de sentiments de paix partagés, de compréhension intellectuelle et psychologique, d'accompagnements affectifs donnés et reçus. Toutes ces marques d'amour lèvent les blocages et les inhibitions, et permettent des réconciliations avec soi et en soi, et avec les autres.

Un bon guérisseur doit s'aimer lui-même – raisonnablement et sereinement – pour aimer de la même manière l'autre. Qui s'aime mal guérit mal lui-même et guérit mal les autres. C'est la guérison de l'amour qui fait que l'amour guérit.

Une amélioration satisfaisante, voire une guérison réussie, doit être interprétée, au-delà du résultat concret, comme le signe d'une reconnaissance émotionnelle et affective.

Le guérisseur émet des signes d'amour, d'intérêt et de compréhension qui sont compris par son patient. Ce dernier émet des signes de souffrance, de demandes d'aide et de rémission de ses souffrances qui sont compris par le guérisseur. Et c'est la rencontre et la fusion de ces doubles jeux de signes qui opèrent la guérison.

La larme, le sourire – même s'il est triste –, le tremblement des doigts, le frémissement du corps... d'un patient sont autant de signes que sa guérison est proche.

Chiron, l'homme-médecine

La mythologie grecque raconte qu'Apollon, lui-même guérisseur, eut avec une mortelle, un fils prénommé Asclétios, élevé par le Centaure Chiron qui lui apprit l'art de la médecine et de la guérison.

Chiron, contrairement aux autres centaures, qui avaient tous une sale mentalité, était bienveillant et poète. Il connaissait la médecine, la musique et l'art de la prophétie.

Chiron fut vénéré comme un remarquable médecin capable de ressusciter les morts ou des quasi-morts. Son sanctuaire – on dirait aujourd'hui son cabinet – se trouvait à Epidaure et des milliers de patients venaient de partout espérant la guérison de leurs maux.

Chiron guérissait par la méthode de l'incubation.

« Je le soignais, Apollon le guérit »
(d'après Ambroise Paré, médecin royal)

Une séance de soins chez le guérisseur Chiron se déroulait selon le rituel suivant, dit Incubation :

Le malade était installé dans une chambre dans le temple. Pendant trois jours il jeûnait. On lui faisait absorber des drogues sensées le purifier. Puis on lui plaçait sur la tête une couronne de laurier. Et le malade s'endormait. Les jeûnes, les drogues et le laurier avaient pour conséquence de plonger le patient dans un sommeil peuplé de rêves.

Durant le sommeil artificiel, le patient rêvait et les rêves étaient interprétés à son réveil par des exégètes.

Etaient appelés ainsi des médecins-astrologues-prêtres-devins ayant pour mission d'interpréter les propos obscurs des patients. On les appellerait de nos jours des psychanalystes spécialisés dans les clés des songes. Les exégètes formulaient leur diagnostic et rendaient leur ordonnance en fonction des rêves des malades. Du moins, c'est ce qu'ils affirmaient ! En réalité, les exégètes étaient de remarquables magiciens connaissant les vertus curatives, guérisseuses, analgésiques, tranquillisantes, anesthésiantes mais aussi mortelles... des produits de la pharmacie de la nature.

Celle-ci étant composée de plantes mais aussi d'animaux – par exemple, le venin du serpent –, de minéraux.

La cure terminée et avant de quitter le sanctuaire, le patient – en principe guéri ou en passe de l'être – remettait aux médecins guérisseurs un don en argent pour payer la consultation et la cure. Mais il remettait également trois offrandes sous forme de gâteaux. Un gâteau au Succès, un autre à la Santé et le dernier à la déesse Thémis, symbolisant le Bon Ordre.

Des inscriptions découvertes sur les murs des sanctuaires d'Athènes et d'Epidaure témoignent de guérisons obtenues et même de résurrections.

Les exégètes se groupèrent en clan – on dirait aujourd'hui en ordres –, celui des Asclépiades. Le clan avait un sigle : le fameux serpent enlacé autour d'un bâton, le caducée.

Il y avait dans l'acte de soigner et de guérir des compétences médicinales – puisqu'il s'agissait bien de soulager les corps – mais aussi une « thérapeutique » .sacrée qui s'adressait à l'âme.

Le rite de la guérison est en effet inséparable d'une idée de péché. C'est pourquoi le savoir-faire d'un guérisseur est autant physique que religieux.

Il est certain que la foi que l'on peut avoir pour le médecin et la croyance dans son savoir représentent beaucoup dans une guérison.

Voilà pourquoi un « vrai » médecin ne doit pas dissocier l'âme du corps et doit observer et interpréter tout en même temps le mal physique, le mal moral, le mal psychique, le mal de l'environnement...

Souvenons-nous au passage de cette assertion d'Hippocrate à propos de la médecine : « Nul ne peut être médecin s'il n'est pas aussi astrologue. »

Les guérisseurs aux mains nues

A propos des guérisseurs philippins, un journaliste a écrit : « Ils opèrent en transe dans un semi-conscient : c'est Dieu qui guide leurs mains. Leurs mains qui calment et qui extraient le mal. »

J'ai personnellement été invité pendant une semaine à un séminaire proposé par le Guérisseur philippin Sony, élève et successeur de Tony Agapoa.

J'ai assisté aux séances de prières, à des opérations à mains nues, à des matérialisations de sang. Je me suis moi-même allongé sur une table de cuisine, recouverte d'une toile cirée et j'ai senti les doigts de Sony s'enfoncer dans mon ventre. Je n'étais pas malade et cette opération m'était proposée comme préventive et destressante.

Je suis obligé de dire que tout est prestidigitation et illusion d'optique.

En revanche, les prières répétitives dites avec foi par

la communauté conditionnaient certaines personnes à croire en l'efficacité des opérations. Ces personnes se retrouvaient magnétisées et en état de pseudo-hypnose. Et c'est alors que des miracles pouvaient se produire!

Tout se passe sur le plan de la suggestion et les effets sont purement psychologiques. L'effet **placebo** est un phénomène connu des médecins qui en tiennent compte avec certains de leurs malades souffrant de maux psychosomatiques. C'est d'ailleurs le comportement du thérapeute qui est déterminant pour une guérison, qu'il soit médecin, guérisseur, prêtre, rebouteux.

Le vrai miracle c'est l'action du cerveau. Les progrès de la neurophysiologie ont mis en évidence l'étroite coordination entre le cerveau et le corps et l'influence de l'esprit, de la suggestion, sur les phénomènes psychosomatiques.

« Jésus guérit un possédé... »
(Evangile de Marc 9, 25-27)

Les évangiles relatent, pratiquement à chaque page, des guérisons. Ces livres sacrés font l'apologie des guérisons par la foi, par la prière, par l'imposition des mains. Et Jésus apparaît comme le plus grand guérisseur de tous les temps.

La Bible regorge de « guérisons, miracles, merveilles, signes »... Tous ces mots se rapportent à des événements naturels et surnaturels qui prouvent au public les pouvoirs de Dieu via Jésus. C'est ainsi que Jésus soigna des malades physiques et mentaux. Il rendit la vue à des aveugles, la parole à des muets, l'ouïe à des sourds. Il guérit des épileptiques, des paralytiques, des lépreux et délivra des malades possédés par des démons. Il est même écrit qu'il ressuscita des morts. Il pouvait soigner à distance sans voir le malade.

Il ne faut pas mélanger les guérisons avec les miracles qui intéressent alors la collectivité comme la multiplication des pains et des poissons, l'élévation au ciel d'échiel par une mèche de cheveu, la malédiction jetée sur le figuier sans les figues, les plaies qui frappèrent l'Egypte...

Rien n'est impossible pour Dieu puisqu'il est « le créateur et le maître de tout ». Les vrais croyants, ceux qui croient au Tout-Puissant, Tout-Puissant de la Bible, « créateur du ciel et de la terre », admettent que Dieu et Jésus puissent faire des miracles. Et cela en contradiction avec les lois qui régissent l'ordre naturel. Les guérisons que le Christ accomplit, par lui-même ou par ses mandataires, ne sont pas que des opérations charitables pour ôter les souffrances. Les motivations sont triples : humaines pour guérir ceux qui ont la foi, spirituelles pour élever leur esprit vers Dieu et enfin intentionnelles pour prouver la Toute Puissance de Dieu.

Ma vérité sur les miracles et guérisons de Jésus est qu'ils ne sont pas les manifestations de puissances surnaturelles mais, plus naturellement et simplement, des « miracles d'amour et d'humanité », pour reprendre une pensée du théologien Eugen Drewermann : « Jésus guérit parce qu'il est un remarquable psychothérapeute, connaissant et pratiquant la psychodynamique de l'angoisse et de la confiance. »

Voici deux témoignages de guérisons de Jésus.

L'évangéliste Marc écrit sur les témoignages de l'apôtre Pierre :

« Une femme atteinte de pertes de sang depuis douze ans, qui avait souffert du fait de nombreux médecins et avait dépensé tout son argent sans aucun profit, allait de mal en pis.

Cette femme avait entendu parler de Jésus. Venant par-derrière la foule, elle toucha son manteau car elle se disait : " Si je touche au moins son manteau, je serai guérie ". Aussitôt, elle sentit qu'elle était guérie de son hémorragie, Jésus s'étant retourné, demanda : " Qui a touché mes vêtements ? " Ses disciples lui répondirent : " Tu vois la foule qui te presse de tous les côtés et tu demandes : '' Qui m'a touché ? '' Mais lui continuait de regarder.

Alors, la femme sachant ce qui lui était arrivé, lui dit la vérité. " Ma fille dit-il, ta foi t'a sauvée. Vas en paix. " »

La guérison soudaine de l'hémorragie de cette femme rappelle étrangement celle racontée par la romancière Marie Cardinale dans son livre *Les Mots pour le dire.*

Marie Cardinale écrit qu'à la suite d'un choc émotionnel, consécutif à une séance de psychanalyse, elle fut délivrée de règles hémorragiques.

L'évangéliste Marc raconte une autre guérison.

Sur les rivages du lac Tibériade, un jeune garçon est amené par son père. Dès que l'enfant fut en présence de Jésus, il se secoua violemment, tomba à terre et se roula dans la poussière, de l'écume à la bouche. Jésus demanda au père : « Il y a combien de temps que cela lui arrive ? », et le père répond : « Depuis son enfance. Il se jette dans l'eau, puis dans le feu. »

Puis l'enfant, après avoir poussé des cris, devint comme mort, si bien que tout l'entourage criait : « Il a trépassé ». Mais Jésus le releva en lui prenant la main et l'enfant se tint debout.

Nous avons là une description d'une crise d'épilepsie suivie d'une prostration cadavérique.

« Il y va de notre devoir d'être en bonne santé » (Yesudian)

Etre en bonne santé, vivre en bonne intelligence avec sa nature. Puisque la maladie résulte d'un mauvais fonctionnement des systèmes de défense de notre organisme, les meilleures thérapies et les meilleurs remèdes pour se guérir – et guérir les autres – sont de « suivre sa vie ». Cela veut dire ne pas négliger la vie sur le plan de l'alimentation, de l'hygiène, de la santé morale. C'est faire en sorte que les systèmes de défense soient compris et renforcés.

HYPNOSE

Paul le pirate

Paul, qui a 45 ans, est expert comptable. Il est marié et a deux grands fils. Il est dynamique et convivial mais avec réflexion et prudence.

Il ne parle pas pour ne rien dire et ses gestes, au demourant chaleureux, sont sobres.

A l'occasion d'une séance d'hypnose, il lui est suggéré par le thérapeute de devenir un pirate :

« Vous êtes le commandant d'une bande de pirates. Vous êtes en pleine mer et vous abordez un navire pour le piller. Vous avez hissé le pavillon à tête de mort... »

Paul, si réservé et courtois, « devient » soudain le chef des pirates. Il fait des grands gestes, vocifère, injurie et avance à grands pas. Il donne des ordres avec des détails techniques propres aux gens de la flibuste. Il utilise le jargon des hommes de la mer. Paul est transformé.

Que s'est-il passé ?

Voici quelques explications.

Première réflexion :

Paul est un excellent comédien. Il joue et mime parfaitement le personnage qui lui a été suggéré par le thérapeute qui l'a hypnotisé.

Oui, mais il ne connaît pas le langage des gens de la mer et plus particulièrement des pirates. Il n'a pas piloté de bateau et ne connaît pas le nom des voiles et des agrès. Surtout, cela ne lui ressemble pas de sauter, crier, commander, brutaliser...

La transformation de Paul, l'aimable expert-comptable, en Paul le tonitruant pirate ne peut donc pas être due à son talent de comédien.

Alors d'où vient cette connaissance du milieu de la mer et de la piraterie ? D'où vient cette possibilité de devenir le personnage qu'il joue ?

Deuxième réflexion :

Paul a lu pendant son enfance des ouvrages de pirates dont il se souvient sous hypnose.

Se souvenir de lectures est une chose mais se transformer en pirate en est une autre.

D'autre part, il a été suggéré à Paul d'être un pirate – ce qu'il joue parfaitement bien – mais le thérapeute aurait aussi bien pu lui demander d'être conducteur de diligence, gardien de phare, curé de village, boulanger devant son four.

Paul serait devenu tous ces personnages avec un égal brio.

Alors de nouveau la question se pose : d'où viennent cette connaissance et ce don de mimétisme ?

Troisième réflexion :

Paul se libère d'inhibitions et d'interdits en vivant « réellement » des événements et des personnages qui lui permettent d'être différent.

Paul compense des frustrations par des exhibitions et il vit des fantasmes libératoires.

Oui, mais comment expliquer le langage, les gestes, les comportements qu'il ne peut connaître ?

Paul peut fort bien « exploser » en jouant le jeu du pirate. Cette méthode est efficacement thérapeutique pour se guérir de timidité, d'inhibition et de problèmes psychologiques. Elle s'apparente aux psychodrames.

Mais il aurait fallu que Paul, encore une fois, apprenne le vocabulaire de la flibuste. Or, ce n'est pas le

114

cas ! Avoir de l'imagination ne confère pas une culture, une connaissance du vocabulaire et une compétence technique...

Que peut-on en déduire ?
Que Paul a réellement été pirate dans des vies anté-rieures. Pourquoi pas !
Mais alors, il a également été conducteur de dili-gence, gardien de phare, curé de village et boulanger...
Paul posséderait donc une mémoire universelle dans laquelle il puise pour devenir, à sa convenance, ou à celle de son thérapeute, tel ou tel personnage.
La vérité semble effectivement être celle-ci. Nous bénéficions tous d'une mémoire universelle et collective. Celle-ci est en nous et nous y participons. Elle nous relie les uns aux autres depuis toujours et pour l'éternité. Il suf-fit de solliciter cette mémoire pour en profiter. Ce que permet l'hypnose.
Mais si cette mémoire est collective, à l'instant où l'on remonte dans le temps, dans nos vies antérieures, qui peut nous assurer que la vie passée qui nous est pro-posée est réellement la nôtre ?
La mémoire universelle contenant des milliers et des milliers d'informations – les nôtres, celles de notre lignée, celles des autres et de leurs lignées –, nous disposons par là même d'une quantité illimitée de personnalités et de vies.
C'est alors que l'hypnose nous permet de nous réin-carner dans un personnage que nous avons pu être mais plus probablement qui a été celui de quelqu'un d'autre.

La grande mémoire

Cette proposition d'une **Grande Mémoire** plaide en faveur d'une possibilité de trouver et de revivre des vies antérieures qui même si elles n'appartiennent pas à notre lignée raciale, familiale et sociale, font partie de notre passé, puisqu'elles sont inscrites dans notre mémoire col-

115

lective. Cette constatation nous invite à explorer et à exploiter les millions d'informations qui sont enregistrées en nous dans notre inconscient.

Nous sommes mille fois plus riches, plus compétents et plus diversifiés que nous le pensions.

Nous sommes, à l'image de la caverne d'Ali Baba, riches de trésors accumulés qui n'attendent que notre bon vouloir. A nous donc de puiser à pleines mains dans ces réserves d'énergies, à l'instar d'un Ali Baba puisant dans des coffres remplis de pierres précieuses.

Enfin, cette proposition d'une Grande Mémoire dans laquelle nous baignons, peut – et doit – nous permettre de mieux comprendre l'Autre, les Autres, la Terre entière, puisqu'ils sont Nous, comme nous sommes Eux.

Appartenant tous à une Unique Mémoire qui nous relie, à l'instant où nous méprisons ou haïssons un Autre ou des Autres, nous méprisons et haïssons une parcelle de Nous-même. Mais cela est une autre histoire !

On peut donc en déduire que la réincarnation existe. Mais il ne s'agit pas de vivre une nouvelle vie dans un nouveau corps, il s'agit de vivre des vies passées dans notre propre corps et cela l'espace d'un certain temps.

L'hypnose est ainsi une des voies royales pour remonter dans le temps, pour être Un ou des Autres et pour revenir à l'instant présent, porteur d'informations qui permettront d'aménager l'existence afin qu'elle soit plus heureuse, plus comblée, plus authentique.

Le rêve et le rêve éveillé permettent d'atteindre d'identiques résultats.

L'hypnose et le rêve dans leur amoralité – et non immoralité – autorisent toutes les libertés.

Qui, en effet, n'a pas rêvé qu'il se promenait nu comme un ver au milieu d'une foule indifférente ! La nudité n'est pas immorale en elle-même. Ce sont les codes de la vie en Société, de Bonne Vie et Mœurs, de Bienséance, de Moralité Religieuse, etc., qui ont décidé amorale – cet adjectif signifie étranger à la notion du bien et du mal – la nudité.

C'est ainsi que les informations recueillies sous hypnose et au moyen des rêves sont libératoires ; elles permettent de décoller d'un présent frustré et frustrant. Elles vont à l'encontre des informations imposées par l'éducation, par toutes les éducations. Alors que le meilleur gagne !

IMMORTALITE

Nous sommes des immortels obligés...

A la question : « Sommes-nous **immortels** ? », la réponse est : « Oui ».

Mais nous ne pouvons pas le prouver. Nous ne pouvons qu'imaginer l'immortalité. Nous pouvons admettre que notre « matière atomique » est infinie en temps et en espace et que les éléments dont nous sommes composés ont été « rangés » dans leur état présent une infinité de fois et se retrouveront « rangés » des infinités d'autres fois. Cette information plaide pour une immortalité énergétique mais peut-être pas existentielle.

Or, le problème est que nous ne pouvons pas « faire la soudure » entre nos différentes « renaissances » car il y a des infidélités et des discontinuités dans les souvenirs de nos « re-vies ».

Le penseur grec Lucrèce affirmait que nous jouissons d'une immortalité complète mais que nous ne pouvons connaître que l'instant présent, faute d'une mémoire suffisante pour remonter dans le temps d'avant et pour aller voir dans le temps d'après.

Nous ne pouvons qu'être immortels dans la mesure où tout est **cycle**. Eternellement « Tout ce qui est Tout », qui est inconnaissable, incommensurable et infini, participe à des morts et à des renaissances cycliques.

Comme nous sommes une parcelle de ce Tout, nous participons, à notre corps défendant, à ces retours éternels.

Cette définition a été reprise par le philosophe Nietzsche lorsqu'il fait dire à son héros Zarathoustra « Vis au présent, de façon que tu puisses éternellement revivre avec joie chaque moment de ta vie. »

Une autre réflexion qui confirme notre immortalité

est celle de la survivance de nos actes dans « l'âme collective ».

En effet, l'épanouissement et le progrès de l'humanité résultent du vécu des êtres qui la composent.

Cette idée d'une survivance est résumée par cette phrase du scientifique Le Dantec : « Après nous, la vie continuera sans nous, mais peut-être un peu par nous. »

Et il en est ainsi par exemple pour les créateurs, les artistes... qui laissent une œuvre d'art derrière eux.

La foi et le droit à l'immortalité sont à l'origine des soins apportés à la conservation des corps. Par exemple, chez les Egyptiens, les techniques d'embaumement et de momification, les dépôts dans les « maisons d'éternité » avec des aliments, des bijoux, des outils. Le fait de graver le nom d'un défunt sur une pierre tombale est un moyen de lui donner une sorte d'immortalité, puisque les prêtres et les patients peuvent évoquer le disparu.

INTUITION

La lumière qui voit...

L'intuition – qui ne s'acquiert pas – est une faculté précieuse et rare. Elle permet « de voir clair ». L'étymologie latine du mot est évidente : *intueor* veut dire « je vois » !

L'intuition est un flair, une possibilité de discerner les possibilités inhérentes à une personne, à une chose, à un événement. Elle permet de découvrir des évidences en un éclair – on pourrait écrire en un cliché – sans faire intervenir le raisonnement, l'observation, la déduction.

Ces évidences pouvant être des faits ou des sentiments passés, présents ou à venir, dans la mesure où l'intuition est le « langage » de l'inconscient. L'intuition permet de ressentir l'inexplicable, l'invisible et le lointain ce qui fait de cette fonction psychologique le plus prestigieux « outil de travail » de l'intelligence.

L'intuition qui échappe à notre volonté et à toute expérimentation, est la source de toutes les créations, les inventions, les découvertes et cela dans tous les domaines.

Les êtres doués d'intuition ressentent et perçoivent immédiatement, sans effort mais non sans inquiétude et angoisse, « tout ce qui les entoure ». Le physique et le psychisme des autres personnes sont perçus avec une acuité pareille à celle d'un rayon laser. Le physique, c'est-à-dire l'état de bien-être et de bien-portant ou, au contraire, ce qui ne va pas sur le plan de la santé. Le psychisme, c'est-à-dire les états d'âme, les troubles émotionnels et affectifs, les tendances fondamentales de l'être, ses définitions de la vérité, de la justice, de l'honnêteté, de l'humain.

« Que la lumière soit ! et la lumière fut » (Genèse)

Voici quelques découvertes dans le domaine des sciences :

– Codification des principes de la théorie atomiste par Démocrite. Celle-ci servira de base à toute philosophie matérialiste.
La théorie de Démocrite est la suivante :
« Rien ne naît de rien... Rien n'existe en dehors des atomes et du vide. Ces atomes sont en nombre infini, emportés vers le bas dans un mouvement de chute. La rencontre de ces atomes produit des tourbillons dont certains deviendront des mondes éphémères... »
– La théorie du magnétisme, la théorie mathématique des phénomènes électromagnétiques, le galvanomètre, le télégraphe électrique, la machine électrique à inductions... d'ampères.
– Principe de la sublimation de la « glace », invention du baroscope, explication du paradoxe hydrostatique, découverte de l'hydrogène phosphoré, de l'acétone, de l'alcool méthylique.
– L'application des mathématiques à l'étude des phénomènes naturels de Newton. Le principe d'inertie, la proportionnalité des forces et des actions, l'égalité de l'action et de la réaction, la théorie de l'attraction universelle, la loi de l'inverse carré, les lois du choc, calcul des précessions des équinoxes, théorie des marées..., la liste est trop longue !
– La théorie ondulatoire de la lumière, une explication des hiéroglyphes égyptiens de Thomas Young.
Darwin, Edison, Benjamin Franklin, Hertz, Laennec, Mongolfier, Piccart, Volta, Pacon, Gassendi... et tous les autres.

Voici quelques découvertes dans le domaine des arts :

– Mozart, Schubert, Mendelssohn, Chopin, Corelli, Rossini, Smetana, Jules Verne, Wells, Beaumarchais, Voltaire, Byron, Stendhal, Bertolt Brecht, Prévert, Romain Rolland, Manet, Degas, Le Douanier Rousseau, Van Dongen, Picasso... et la liste n'est jamais finie.

L'artiste qu'il soit peintre, écrivain, poète, sculpteur trouve intuitivement le mot, l'image, la forme, la couleur pour exprimer ce qu'il y a de plus profond dans l'idée et le sentiment qui l'animent. Pour exprimer ce qu'il y a de plus simple, de plus absolu et de plus vrai dans l'émotion qui l'étreint.

L'artiste sans élaboration et sans recherche est illuminé.

L'intuition est l'âme de l'intelligence

Nos facultés mentales sont en relation avec une pensée conscience cosmique.

Le problème est que nos « instruments » mentaux sont imparfaits pour nous permettre de comprendre exactement et profondément les messages de l'univers et de l'au-delà.

C'est pourquoi nous devons augmenter continuellement nos facultés afin de sortir des contraintes et des limites de nos pensées, figées par le trop rationnel, le trop moral, le trop intellectuel...

Il faut savoir qu'il y a des réalités qui appartiennent à un autre monde et que, pour les connaître, nous devons utiliser nos « sens » supra-physiques et supra-psychiques. Il ne s'agit pas d'organes corporels mais bien de dispositions immatérielles qui sont localisées dans toutes nos cellules.

Notre intelligence n'est pas uniquement définissable par de la volonté, de la raison, du jugement. Il s'y trouve aussi – et pourrait-on dire surtout – une lumière qui porte dans notre langage humain différents noms : intuition, inspiration, clairvoyance...

Il existe une conscience – et une connaissance – absolue qui est au-dessus de l'intelligence terrestre. Cette conscience est originelle et complète car elle saisit tout ce qui est pensée dans son essence et dans ses propriétés.

Notre mental conscient n'est que l'ombre de cette intelligence vraie et totale.

L'approche de cette intelligence universelle se fait en deux étapes. Une connaissance de Soi et une connaissance des Autres et du Monde. Ces deux connaissances se réunissent en une seule qui permet d'approcher – et non pas encore d'intégrer – cette intelligence intégrale.

Tout commence par une connaissance et une acceptation de notre unité qui comprend notre corps, notre esprit et notre âme. Il faut accroître notre connaissance de nous-même, puis celle des autres et du monde, afin d'atteindre cette plénitude.

L'approche de l'intelligence universelle et intégrale signifie qu'il nous sera alors possible de comprendre l'origine de toute chose.

Cette compréhension commence par un contact avec notre entité psychique immortelle, au-delà de nos émotions et de nos sentiments terrestres. Nous pénétrons dans l'espace infini de nos vies passées, présentes et futures, dans cet espace que les Penseurs appellent l'« inconnaissable ».

Nous saisissons les vraies relations entre notre corps, notre mental et notre cœur, et surtout, il nous est communiqué des vérités essentielles sur la vie, la naissance, la mort, la vie après la mort, l'au-delà.

Il s'agit bien d'une extension de toutes nos facultés mentales, au-delà de notre univers conscient et au-delà de nos limites humaines.

Et nous formons UN avec le cosmos où se trouve cette conscience transcendée. Nous sommes une parcelle incarnée – de par notre existence terrestre – de cet Infini tout-conscient et sur-conscient.

Et c'est alors que nous devenons supérieur à nous-même et aux autres, tous ceux qui n'ont pas acquis cette existence cosmique.

Nos intuitions devenant suprêmes nous permettent de « regarder derrière les miroirs » c'est-à-dire de découvrir qui nous sommes réellement et par là même quel est notre devenir. Et cela à travers les successions d'événements et de changements qui constituent notre vie.

L'intuition et la foi conduisent à la supra-connaissance

La clé pour sortir de notre conscience terrestre et atteindre la conscience et connaissance universelle est la Foi. Le mot « foi » est employé dans le sens large de confiance absolue en des résultats exceptionnels et non pas dans le sens limitatif de croyance en un dieu, en Dieu.

Il ne s'agit pas d'une foi obstinée et agressive mais d'une volonté ouverte, libre et illuminée par l'amour.

Une telle foi porte en elle-même les germes de cette lumière cosmique, si bien que tout notre être est comme aspiré vers des hauteurs, là ou se trouve le supra-mental, le divin cosmique.

Une volonté ouverte et généreuse nous permet de progresser vers des plans de conscience où l'erreur, l'ignorance, l'inquiétude n'ont pas leur place.

Et une montée vers un mental supérieur se produit grâce à cette foi transcendée par l'intuition.

Cette progression se fait par niveau. Lorsque nous touchons au plus près des vérités suprêmes, nous devenons un « esprit ». Cette spiritualisation nous amène à nous débarrasser de tout ce qui est trop matériel, de tout ce qui est vanité terrestre.

Mais qui a de l'intuition?

Mais comment savoir si l'on est voyant? Comment savoir si l'on possède cette indispensable, mais indéchiffrable intuition?

Essayons d'énumérer les qualités – pour ne pas dire les dons – qui font les Voyants :

– les intuitifs sentent immédiatement les choses, les êtres et les événements et cela sans déduction, ni raisonnement, ni analyse. Leurs pressentiments sont souvent associés à des vagues inquiétudes.
– les intuitifs ont des prémonitions fulgurantes et surprenantes.
– les intuitifs sont attirés spontanément par certaines personnes sans pouvoir expliquer leurs sympathies. Mais ils sont également répulsés par d'autres personnes lorsqu'ils sont en état d'antipathie.
– les intuitifs ont des rêves nombreux et « parlants ».
– ils sont attirés par l'irrationnel, le symbolique, l'étrange, le mystérieux mais aussi l'humain, le profondément humain.
– ils savent interpréter ou ils apprennent à interpréter les signes, les messages, les manifestations qui échappent à l'entendement.
– ils ont un « Ange » qui les conseille et les guide.
– ils croient en une sympathie universelle qui relie les êtres de bonne volonté, toutes les personnes qui vibrent aux mêmes influences et aux mêmes rayonnements.
– ils ont un intérêt, pour ne pas dire une passion, pour les sciences humaines, les arts, les religions, la philosophie, la psychologie des profondeurs...
– ils s'interrogent sans cesse sur cette « connaissance supranormale » (mot du philosophe Pierre Salzi) qui les fait vivre en marge d'un monde uniquement rationnel et matérialiste. Ce qui peut d'ailleurs les faire passer pour des marginaux et des hallucinés.

A MEDITER :
« Il n'y a pas d'autres voies qui s'offrent aux hommes, pour arriver à une connaissance certaine de la vérité, que l'intuition évidente et la déduction nécessaire » (Descartes).

« ... de l'intuition, on ne saurait en somme avoir valablement qu'une intuition... » (Le Roy).

« Ce qui caractérise avant tout l'intuition, c'est d'être une connaissance antérieure parfois, en tous les cas supérieure à l'analyse, à la réflexion abstractive, une connaissance transcendante aux discours... une connaissance qui se justifie rien qu'en se présentant, qui porte son évidence avec soi... » (Le Roy).

« Dans une démonstration, il est possible de distinguer entre l'extérieur et l'intérieur. L'extérieur c'est le discours... dont la mémoire retient une à une les diverses articulations. L'intérieur, c'est je-ne-sais-quoi qui fait l'unité de la démonstration. Et ce sera, suivant une nouvelle interprétation du terme, une intuition. L'intuition est l'intelligence même » (Brunschvigg).

« L'analyste..., par une sorte d'intuition, devine avant de pouvoir démontrer. Deviner avant de démontrer ! Ai-je besoin de rappeler que c'est ainsi que se sont faites toutes les découvertes importantes » (Poincaré).

« Aucun chemin logique ne mène à des lois élémentaires et à des hypothèses générales : seule l'intuition s'appuyant sur le sentiment de l'expérience y conduit » (Einstein).

« Intuition signifie d'abord conscience, mais conscience immédiate, vision qui se distingue à peine de l'objet vu, conscience qui est contact et même coïncidence » (Bergson).

« Cette forme pure de la sensibilité peut encore l'appeler intuition pure... qui réside a priori dans l'esprit » (Kant).

« La suprême intelligence n'a pas besoin de raisonner ; il n'y a pour elle ni prémisse, ni conséquence, il n'y a pas même de proposition : elle est purement intuitive, elle voit également tout ce qui est et tout ce qui peut être » (Jean-Jacques Rousseau).

ITINERAIRE

Itinéraire d'une âme défunte

Définissons d'abord les mots.

Le mot **âme,** dans le présent chapitre, définit la partie immortelle de l'être humain. Et cette âme rayonne d'une **énergie spirituelle.** C'est elle qui donnera vie à un autre corps.

Pour utiliser une image, disons que le corps est la cire, que l'âme est la flamme et que l'énergie spirituelle est la lumière et la chaleur.

L'**énergie spirituelle** quitte un corps et commence son itinéraire. Etant immortelle par définition, on sait qu'elle va trouver un autre corps pour se réincarner.

Mais il y a plus qu'une réincarnation. En effet, l'**énergie spirituelle,** qui obéit aux principes d'évolution, a une mission qui est de permettre à l'être humain de fusionner avec l'univers spirituel. Ce stade étant celui du parfait de l'âme.

On comprend donc que l'âme – et donc les énergies spirituelles – parcourt un itinéraire fait de corps à incarner avant d'atteindre cet objectif.

Cette réflexion contient une part biologique dans la mesure où les modifications progressives qui se sont produites chez l'être humain depuis l'apparition des premières forces vivantes – et qui ont eu d'ailleurs pour premier résultat l'apparition des espèces – ont des « effets de compétition ».

De la même manière que la race humaine a vécu plusieurs stades : sauvagerie, barbarie, civilisation..., on peut dire que l'âme et les énergies spirituelles doivent se libérer d'incarnations successives afin d'atteindre le sommet d'une hiérarchie spirituelle.

On sait qu'à l'origine des temps, il existait une seule

forme de vie : les bactéries. Celles-ci se développèrent indépendamment les unes des autres, en algues, virus, algues vertes et enfin en animaux supérieurs, oiseaux, reptiles, poissons et mammifères.

Tous ces noms désignent des enveloppes charnelles, des organismes. Lorsqu'on arrive à l'homme, en plus du principe « de survie physique », apparaissent les énergies spirituelles, qu'a priori ne possèdent pas les animaux, les végétaux et les minéraux. Ceux-ci disposent d'un autre type d'énergie issue du magnétisme terrestre et cosmique. S'il y a un phénomène d'évolution avec des changements continuels sur le plan physique, pourquoi n'y aurait-il pas un même processus sur le plan spirituel ?

L'adaptation évolutive physique va de pair avec une quête de vie spirituelle parfaite.

Or, plusieurs questions viennent à l'esprit.

– Entre les deux vies incarnées de l'âme, l'énergie spirituelle ne s'évapore pas. Et les questions sont :

• Où va-t-elle et que fait-elle ?
• Est-elle endormie, transformée en esprit fantôme, diluée, phagocytée (absorbée)... ?
• L'énergie spirituelle rejoint-elle un univers spirituel, moitié hôtel de transit, moitié « chargeur de batterie » où elle attend un ordre de réincarnation ?
• Mais dans ce cas, qui donne cet ordre et en vertu de quel critère ?
• Qui décide des choix des personnes à réincarner ?

– Une autre question intéresse le transfert de l'âme et de l'énergie spirituelle.

Et les questions sont :

• Est-ce la totalité, ou une partie – et quelle partie et pourquoi cette partie – des énergies spirituelles qui se retrouve dans un autre corps ?
• Le transfert des énergies spirituelles – qu'il soit total ou partiel – se fait-il d'un bloc ou d'une manière discontinue ?

• Un nouveau corps, et donc « un nouveau vivant », est-il composé d'une ou plusieurs âmes ? Et s'il y a plusieurs constituants, comment se combinent et s'entendent les différentes énergies spirituelles ?

• « L'habitation » d'une âme dans un corps ne peut-elle pas, à l'excès, s'identifier à de la possession ?

• Le passage d'une forme d'existence à une autre s'accompagne de modifications physiques. Qui décide de ces modifications et en vertu de quels critères ?

• Comme les passages successifs de l'âme dans les différents corps obéissent à la loi de l'évolution spirituelle, y a-t-il un stade final de perfection ou, au contraire, ce point idéal n'existe-t-il pas ?

A ces interrogations, aucune réponse satisfaisante n'a été donnée. Et pour cause, puisque la raison pure, le rationnel et les sciences n'ont pas droit de cité quand il s'agit de parler d'âme et d'énergie spirituelle...

KARMA

Karma : peine de vie et peine de mort...

Ce que nous avons fait en bien, et surtout en mal, dans nos vies antérieures, pèse-t-il sur nous comme autant de « **dettes karmiques** » ?

Avant de répondre définissons d'abord le mot KARMA.

Il s'agit d'un terme sanscrit – les Hindous disent SAM-SARA – qui explique l'enchaînement des causes et des effets, le cycle éternel des naissances et des morts inscrit dans une éthique cosmique et divine de responsabilité.

Notre naissance, les événements de notre vie, tout ce qui nous arrive en bien ou en mal, et enfin notre mort... sont inéluctablement les conséquences de nos vies antérieures et de notre vie actuelle.

L'idée est à une « juste récompense ou punition » de ce que nous avons fait, dit – et pourquoi pas pensé – dans nos éventuelles vies antérieures et présentes.

Le dire sans appel de Bouddha est : « Les hommes sont héritiers de leurs actes... »

Le mot SAMSARA – qui signifie « couler avec » – est plus visuel. Il est symbolisé par une roue à 6, 8 ou 12 rayons. Chacun représentant une Loi ou un Aspect de la Vie.

Le moyeu de la roue figure le Centre – lieu de paix et de sagesse – où doit venir et revenir la conscience après avoir parcouru le « flux tumultueux (des choses de la vie) dans lequel les Ignorants s'ébattent avec satisfaction mais aussi douleur et angoisse ».

A défaut pour la conscience de trouver le Centre, l'être humain tourne dans une succession de réincarnations. Les actes des vies antérieures revenant alors sans cesse jusqu'au moment d'une délivrance définitive.

Celle-ci se fait par un retour sur Soi (et non plus dans le néant), par une perte du souffle (et non pas perte de la vie) qui porte le nom de Nirvana.

Nous subissons donc un temps de KARMA, fait d'affliction et d'obscurité, troublé par de multiples élaborations mentales et souillé – c'est le mot de Bouddha – par des attachements et des passions terrestres.

Puis arrive le temps du NIRVANA, lumineux, débarrassé des souillures, des passions et des constructions mentales. Ce Nirvana est symbolisé par l'image d'une Lune brillante dans la nuit lorsque les vents ont balayé les nuages.

Voici le cheminement rituel de la « logique karmique ».

– Tout acte est douloureux parce qu'il introduit une idée d'effort.

– Or, nous agissons parce que nous espérons un plus grand bien pour nous-même.

– Agir est ainsi un acte rituel qui marque un attachement aux biens de la vie sur terre et un souhait d'éviter toute sorte de malheur.

– Or, tout acte est périssable et, par là même, ne peut donner que des fruits périssables.

– Quelle utilité y a-t-il donc d'agir ?

Ne vaut-il pas mieux être un « renonçant » et dire un adieu définitif à la vie terrestre pour se mettre en quête d'une « Délivrance finale » ?

– Mais nous demeurons aussi et malgré tout, attachés au monde et à ses jouissances, car il est impossible de faire autrement.

Comme nous sommes dans l'attente d'un résultat, nous sommes responsables du renouvellement indéfini de nos Renaissances.

– Il nous faut donc accomplir notre devoir quotidien au sein de la société où nous sommes, selon un rite qui permet les Renaissances et d'acquérir l'immortalité. La notion d'immortalité n'étant pas un prolongement céleste de la vie terrestre mais une délivrance définitive des conditions de la vie personnelle.

– Et reste la question : Quel est ce rite qui permet de sortir du KARMA pour toucher le NIRVANA ?

La banque karmique

Revenons aux « dettes karmiques ».

La doctrine karmique des débits et crédits est exploitée, entre autres, de deux manières.

La première dans une ligne philosophique, intellectuelle et théosophique. La seconde est ésotérico-astrologique.

Des astrologues ont bâti, à partir de la roue karmique, une méthode divinatoire qui donne des informations sur les incarnations faites ou à venir.

Cette utilisation de la roue karmique est arbitraire puisqu'il est « collé » à chaque tour de roue des caractéristiques d'un des 12 signes. Toutes les deux heures, un signe apparaît sur la roue astrologique et ce signe baptise le consultant de traits physiques et psychologiques prédéterminés qui ressemblent à ceux des 12 signes.

De plus, il est donné aux planètes Soleil, Lune, Mercure, Vénus, Mars, Jupiter, Saturne, Uranus, Neptune et Pluton des qualités parfaitement arbitraires qui « signent » une personnalité.

Tout cela entre dans une fiction et une spéculation astro-quelque chose qui peuvent être dangereuses pour des esprits naïfs, impressionnables et inquiets.

Les chemins du paradis

Quels sont les rites qui permettent d'atteindre le NIRVANA ?

Il y a trois rites dits voix de renoncement.

Le premier rite est long et sévère. Il prend une vie. Il s'agit d'un rite initiatique que peu ont réussi. Mais les résultats sont paradisiaques !

Le cérémonial est le suivant et doit être suivi dans l'ordre :

- être étudiant brahmanique ;
- être maître de maison et père de famille ;
- être ermite forestier en compagnie de sa femme ;
- attendre la naissance du fils de son fils ;
- renoncer à tous ses devoirs sociaux et à toutes ses attaches familiales ;
- manger de la nourriture sauvage, crue ou reçue en aumône ;
- supprimer tout désir et toute aversion ;
- maintenir le corps et l'esprit dans un état de pureté exemplaire ;
- attendre la mort corporelle.

L'âme alors se fond dans le Brahmane et ne se réincarne jamais plus dans un corps.

Le deuxième rite est celui des êtres pieux mais désireux de renaître. Ils choisissent non pas la voie de la Délivrance définitive (le premier rite) mais celle des renaissances indéfiniment renouvelées. Le cérémonial porte sur :

- L'accomplissement strict des devoirs de la caste de manière à renaître dans une caste supérieure ou au moins égale ;
Les devoirs font l'objet d'une sorte de cahier des charges spécifique à chaque caste.
- L'observation des préceptes religieux.

Le troisième rite est celui du dieu KRISHNA.
Ce rite conduit à des renaissances successives avec une certitude de retrouver chaque fois un bonheur identiquement serein. Ce n'est pas la Délivrance qui est espérée mais des réincarnations dans « l'amour de dieu ».
Le cheminement est le suivant :

- non-réduction et non-renoncement mais détachement intérieur ;

– attachement à Dieu;

– acceptation et accommodation aux biens de ce monde;

– abstraction des sentiments personnels pour faire son devoir « pour le bien du monde ».

MEDITATION

« L'esprit humain ne peut rien créer; il
ne produira qu'après avoir été fécondé
par l'expérience et la méditation »
(Comte de Buffon).

Méditer, c'est concentrer son esprit sur un mot, un
objet, une personne... jusqu'au moment où un nouvel état
de conscience se manifeste. Notre attention devient plus
appliquée et efficace et notre perception plus pénétrante.
Ce qui nous permet de discerner et d'apprécier, avec une
acuité inhabituelle, la vérité des événements, des sentiments, des choses et des idées.

Méditer n'est pas fuir par la pensée dans un état de
rêve, ce n'est pas non plus se retirer dans une vie intérieure égoïste en limitant notre vision à des préoccupations concrètes, strictement personnelles et ponctuelles.

Entrer en méditation, c'est se libérer des inter-
férences des images d'un JE/MOI emprisonné par et
dans des interdits et des tabous. La société a sécrété des
interdictions d'ordre laïque, religieux, magique qui
reposent sur des motifs d'obéissance à des ordres, principes et rites de « bonne vie et mœurs ». Mais toutes ces
prohibitions morales et coutumières, toutes ces interdictions et restrictions ont une unique finalité qui est de
nous intégrer dans la civilisation et de nous faire « suivre
la loi » dans l'intérêt de la communauté dans laquelle
nous vivons.

A l'instant où nous sommes intégrés, de par notre
naissance, dans un milieu social, nous sommes dépen-
dants d'une civilisation dont les échelles de valeurs ont
pour principal objectif de faire plier la personne afin qu'elle
rentre dans le rang. Or, méditer permet d'échapper aux

influences de l'ensemble des réalisations par lesquelles l'homme assujettit la nature, la modifie et par là même crée un autre milieu nouveau et artificiel appelé justement « la civilisation ».

Il est vrai que la vie en société nécessite une maîtrise partielle de nos pulsions. Les instincts purs et durs, sources d'agressivité et de sexualité débridée, doivent être endigués et la sauvagerie dite primitive se doit d'être tempérée. D'où l'institution de codes. Mais un renoncement – obligé ou non – à nos pulsions parce qu'elles ne correspondent pas aux règles édictées par la Grande Conscience Sociale Collective ne peut qu'entraîner des insatisfactions, des frustrations.

Reste le processus de la sublimation qui détourne les forces pulsionnelles de l'agressivité et de la sexualité vers des performances qui ne sont pas prohibées par les interdits de la civilisation mais, au contraire, qui les élève dans des satisfactions idéalement généreuses et nobles.

Notre conscience personnelle est obligée de céder devant les processus répétitifs de cette conscience sociale collective qui désagrège nos initiatives, nos curiosités et nos énergies lorsqu'elles ne sont pas conformes aux commandements du code des civilisations.

Il en résulte des frustrations et des sentiments d'insatisfaction et d'inachèvement.

Nous sommes créés – on pourrait écrire programmés – pour croître en une perpétuelle expansion vers des horizons illimités. Nous voilà de nouveau en direction de l'Au-Delà ! Or, la conscience sociale collective, inventée par l'homme pour l'homme et au détriment de l'homme, ainsi que les consciences religieuses inventées par l'homme au service d'un dieu ou des dieux, obscurcissent notre conscience personnelle par des apriorismes et des moralités. Certaines sont utiles à la vie en société, d'autres sont parfaitement inhibantes.

Et, au lieu de progresser, nous régressons ; au lieu de construire notre monde avec nos imaginations et enthousiasmes, nous restons collés à notre passé et à un présent civilisé.

Et le résultat est qu'au lieu de nous élever, nous rampons horizontalement dans un univers de discrimination, de jugement manichéen et de récompense/punition.

Méditer conduit à un enrichissement intellectuel, à un équilibre corps/esprit, à une protection des influences perverses de l'environnement. A l'instant où nous prenons du recul avec la conscience sociale collective, nous pouvons aborder les problèmes de la vie avec une vision panoramique puisqu'il n'y a plus de fermeture. Nous pouvons percevoir les liens entre le passé, le présent et le futur puisque notre conscience personnelle n'est plus gênée par des rationalités.

Nous pouvons aborder et résoudre des questions qui paraissaient être insolubles puisque notre esprit est désencrassé de raisons raisonnantes et raisonnables.

Nous pouvons accompagner et aider les autres sur la voie de leur conscience personnelle, sur le chemin de leur croissance intérieure et de la découverte de leur authenticité car, méditer, c'est participer à la conscience universelle.

Méditation n'est pas contemplation

Autant méditer consiste à s'arrêter sur une idée afin de la tourner et de la retourner, de l'analyser et de la disséquer pour en faire jaillir ce qu'elle renferme de plus parfaitement utile, étincelant et humain, autant contempler est œuvre de mystiques – religieux ou non – qui espèrent ainsi s'unir, par l'esprit et par l'âme, à l'objet de leur contemplation.

Dans le mot contempler, on trouve le mot « templum » qui veut dire « espace tracé par le bâton d'un devin... ». Cette définition enferme le « contemplateur » – ce mot n'existe pas dans le dictionnaire ! – dans un cercle d'observation assez semblable à une caverne. Car l'état mystique qui permet, ou du moins qui suppose permettre, une vue directe avec des choses divines, notamment avec Dieu, absorbe totalement l'esprit et l'âme de qui se livre à cette attention exclusive.

Pour bien méditer, suivons les conseils de Descartes :

« Je fermerai maintenant les yeux,
je boucherai mes oreilles,
je détournerai tous mes sens,
j'effacerai même de ma pensée toutes les images des
    choses corporelles,
ou du moins, parce qu'à peine cela se peut-il faire,
je les réfuterai comme vaines et comme fausses... »
Les Méditations, Méditation 3ᵉ

Voici d'autres conseils, pour « entrer en méditation », comme on entre en religion...

Les moines dans les monastères chrétiens s'installent dans leur cellule ou dans une chapelle. Les moines Zen s'accroupissent dans des salles de méditation où chacun a sa place délimitée par une natte en paille de riz (tatami).

Les moines et fidèles tibétains visualisent des dessins appelés « mandalas » reproduisant l'univers d'après la cosmogonie indienne.

Une méditation métaphysique réussie tend à une connaissance purifiée, qui elle-même tend à la vérité. Or, la conscience collective n'est pas la vérité car elle est éduquée pour s'approcher de dogmes érigés en vérité. Ce qui est différent !

La méditation entre dans l'« éthique comportementale » de nombres de sectes. Elle fait partie d'un conditionnement qui emprisonne l'adepte dans une stratégie d'ascèse (mépris des besoins du corps, sommeil et nourriture), d'admiration pour les leaders et autres gourous, d'endoctrinements poussés à l'extrême (anti-intellectualisme par exemple...), d'appauvrissements (abandons de ses biens et de ses revenus), de ruptures avec la famille et la société.... Tout cela pour le profit de celui ou de ceux qui se trouvent en haut de la pyramide.

MEDIUM

Qu'est-ce qu'un médium?
un trait d'union

Qu'est-ce qu'un **médium**?

Les Spirites, dont l'un des chefs de file a été Alan Kardec, donnent le nom de médium à une personne douée du pouvoir de communiquer avec les esprits.

Un médium est en rapport avec « l'autre monde », avec d'autres mondes.

Les médiums sont à leur manière des Anges puisqu'ils sont des messagers. Ils transmettent aux humains ce qu'ils reçoivent « d'en haut ».

Mais il y a deux problèmes avec les médiums. Le premier est une question d'évolution personnelle. En effet, la qualité des informations reçues et données par un médium dépend de sa culture intellectuelle et psychologique mais surtout de son degré personnel d'évolution psychique et philosophique.

Le second problème est une question de relation. Avec qui – ou quoi – le médium est-il réellement en communication dans l'autre monde? La question reste posée.

A l'occasion d'une réunion des spirites, pour que le Médium puisse entrer en contact avec des esprits, il faut que les incrédules et les incroyants en magie quittent la pièce car leur fluide « négatif » contrarierait celui « positif » du médium.

MEMOIRE

« Comme de longs échos qui de loin se confondent » (Baudelaire).

Nous avons deux mémoires : une mémoire empirique, résultat de nos expériences, de nos observations, et une autre mémoire d'une infinie richesse dans laquelle puisent nos émotions, nos sentiments et notre imagination.

C'est cette autre mémoire, en contact avec la grande mémoire universelle, qui fournit des informations dites divinatoires.

Les souvenirs qui s'y trouvent appartiennent à tous les vivants. C'est pourquoi des liens peuvent être formés spontanément – et bien sûr inconsciemment – entre deux personnes à l'instant où les deux mémoires se retrouvent. Des souvenirs communs, indócelables par le conscient des deux partenaires, soudent leur rencontre et leur donnent l'impression de se connaître depuis toujours. Ce qui est vrai.

La Grande Mémoire Cosmique contient toutes les « causes non identifiées » qui sont responsables de tout ce qui se passe dans le ciel et sur la terre.

Le physicien Kammerer, ami de Jung, mit au point à propos de l'univers un système qu'il appelle : « La Loi de Sérialité ».

A partir de résultats de statistiques extrêmement sérieux, le professeur Kammerer découvrit que dans l'espace et le temps, des « causes non identifiées » étaient responsables de rythmes et de fréquences permanents et universels. Ceux-ci déterminent l'arrivée d'événements toujours semblables et l'apparition d'êtres présentant des similitudes.

Les calculs de Kammerer prouvent que des forces

agissent dans un but d'unicité et de concentration. La « Loi de la Sérialité » accrédite la croyance en des correspondances, des coïncidences, des similitudes, des convergences, des ressemblances...

La Grande Mémoire Cosmique contient ces forces agissantes.

Le Professeur Rhine, créateur du laboratoire de parapsychologie de l'université de Duke, ne peut s'empêcher de poser la question – et de se la poser à lui-même – : « Quelle est cette puissance qui bouleverse ainsi le hasard, quel est ce phénomène autre que le hasard qui produit ces résultats ? Qu'est-ce que ce " quelque chose " ?... »

Le savant suédois, Christoffer Polhem, créateur de la théorie vibratoire, affirme que la totalité de l'univers est occupée par une « matière solide ».

Un son fait naître des vibrations dans cette matière. Or, nos pensées, qui expriment des émotions, des sentiments, des joies, des chagrins, des angoisses, donnent d'identiques mouvements à cette matière. C'est pourquoi à l'instant où une personne concentre ses pensées sur une autre – et donc sur ses propres pensées –, une communication s'établit.

On pourrait dire que deux personnes sont sur la même longueur d'ondes et ressentent l'une et l'autre leurs pensées réciproques. Cela s'appelle de la télépathie.

METAPHYSIQUE

Métaphysique : la science des illuminés...

Il est dit par des bien-pensants que la **métaphysique** est « la science des illuminés, des poètes, des charlatans ».

Heureusement, ce n'est pas tout à fait vrai !

Le mot « métaphysique » qui a été créé au Ier siècle avant J.-C., définit des connaissances au-delà et en deçà de celles données par les expériences scientifiques.

La raison humaine ne peut connaître des réalités absolues. Il faut dépasser les sensations du monde sensible comme le chaud, le froid, les couleurs... qui sont des apparences.

La métaphysique permet d'aller au-delà du sensible et du visible en dépassant les concepts ordinaires de la raison ordinaire.

Notre esprit avec nos idées est limité à notre corps. La métaphysique permet de dépasser le corps.

METEMPSYCOSE

Métempsycose : une ame déplacée...

Le mot **métempsycose** signifie « déplacements de l'âme ».

Cette doctrine dit qu'une même âme peut animer successivement plusieurs corps humains ou animaux et même des végétaux.

On dit aussi transmigration.

Platon croyait à la transmigration des âmes alors que le christianisme la nie.

En fait, la métempsycose caractérise un mode de pensée plus religieux qu'intellectuel ou philosophique, propre à l'Extrême-Orient. L'Occident reste perplexe devant cette mentalité à l'exception de certains penseurs comme Nietzsche ou Schoponhauer.

La métempsycose est en réalité une réponse, sur le plan psychologique, au désir d'éternité de l'homme et à sa quête incessante pour calmer son angoisse de la mort.

Q/ Qu'est-ce que la **transmigration** ?

R/ La transmigration est le passage d'une âme d'un corps dans un autre. Le sens du mot « transmigration » est identique à celui de métempsycose et d'une certaine manière à celui de réincarnation.

Le poète Gérard de Nerval donne une explication tout à fait logique et, pourrait-on dire, mathématique de la transmigration.

– « Quant à la transmigration, elle s'opère d'une manière fort simple : le nombre des hommes est constamment le même sur la terre. A chaque seconde, il

en meurt un et il en naît un autre ; l'âme qui fuit est appelée magnétiquement dans le rayon du corps qui se forme
et l'influence des astres règle providentiellement cet
échange de destinée... » (Gérard de Nerval « Voyage en
Orient »).

MIRACLE

Ciel, un miracle!

La vraie question, au-delà d'une approche et d'une réflexion religieuse, est : y a-t-il des exceptions aux lois de la nature?

En effet, un miracle est un fait contraire aux lois que nous connaissons et qui régissent la nature et la vie. Un miracle est un « caprice » des principes des sciences et des postulats de la notion de déterminisme.

A cette question, la réponse est oui. Il est en effet observé que des miracles se produisent.

Pour l'homme d'avant les sciences, beaucoup de phénomènes pouvaient être considérés comme des miracles. Les marées, les éclipses par exemple. Pendant longtemps, ces événements, et beaucoup d'autres, ont été appelés miracles à défaut d'en comprendre les sources et les mécanismes.

Or, il ne faut pas appeler miracle ce qui n'est qu'étrange et inaccoutumé. Des naïfs et des illuminés peuvent fort bien appeler prodige l'arrivée d'un orage à un moment crucial. Imaginons une dispute entre deux personnes. A un certain moment, l'une dit à l'autre : « Tu seras puni de ta méchanceté ». Au même instant, un éclair zèbre le ciel. La coïncidence est trop belle pour ne pas impressionner un esprit influençable.

C'est l'impossibilité d'expliquer l'événement qui crée le miracle. A ce moment, il y a inquiétude, curiosité, méfiance mais aussi respect et admiration envers les « puissances » qui ont produit le fait miraculeux.

Il n'y a de miracle que pour ceux qui attendent quelque chose. Certains observent le ciel et interprètent les phénomènes comme autant de signes miraculeux. Ces personnes sont toutes prêtes à s'illusionner et à considé-

rer comme miraculeux des simples faits météorolo-
giques.

Certains miracles sont attendus et même demandés.

Certaines personnes ont le don de « faire des
miracles ». Je ne parle pas des guérisseurs et des illusionnistes mais d'un petit nombre d'hommes et de femmes
qui transforment en réussite et en or tout ce qu'ils
touchent.

Bien entendu, il ne s'agit pas de parler de miracle
dans le sens de surnaturel et d'« œuvre de Dieu ».

Bien qu'ils ne soient ni saints, ni croyants, ni magiciens, ni escrocs, des hommes et des femmes ont leur
vie pleine de petits miracles quotidiens. Comme l'écrit
Balzac, « Le ciel semble couronner toutes leurs folies ».

Lorsqu'un prodige est perçu, non plus comme situation en marge de lois naturelles, mais comme une
« œuvre de Dieu » – ou d'un dieu – on peut parler de
miracle.

Mais il faut rappeler que des hommes sont également capables de réaliser des miracles. Ils peuvent alors
être perçus à l'image d'un dieu...

Je pense à ces médecins particulièrement humains
et psychologues, proches de leurs patients et qui pratiquent une médecine clinique, c'est-à-dire en prenant le
temps de s'asseoir au bord du lit du malade et en leur
tenant la main, qui peuvent atténuer des souffrances et
même obtenir des guérisons surtout si les maux sont
d'origine psychosomatique.

Miror et Mirus

Le mot miracle dans un contexte religieux fait intervenir un être surnaturel dont la vocation est de provoquer
l'admiration.

A noter que les mots « miracle » et « admiration »
ont la même racine latine « miror » et « mirus » qui
veulent dire « contempler, être étonné, admirer, se pas-
sionner... prodigieux, merveilleux, admirable... ».

Qui croit à des Tout-Puissants admet qu'ils peuvent « faire des miracles ». S'ils n'en faisaient pas, ils seraient moins crédibles ! La preuve en est : les demandes de miracles exigés par la foule qui accompagne Jésus dans ses déplacements.

« Prouve-nous que tu es bien un dieu en faisant des miracles, par exemple, change ces pierres en pain ou jette-toi du haut du temple » crie le peuple et Jésus répond : « ... cette génération me réclame sans cesse des prodiges. Il ne lui en sera pas donné » (rapporté par Matthieu).

Le miracle est ainsi la preuve d'une puissance divine dans la mesure où il n'est pour Dieu, rien d'impossible.

Il y a des miracles utiles et pourrait-on dire matériels, comme des guérisons. La Bible fourmille de lépreux, paralytiques, épileptiques, infirmes, aveugles, boiteux, sourds, muets, presque mourants... guéris par le Christ ou par ses mandataires qui agissent en son nom.

Il y a des miracles psychologiques : le changement du bâton de Moïse en serpent et la lèpre sur ses mains, le buisson ardent, les plaies d'Egypte, le bâton de Moïse qui fend les eaux de la mer Rouge, les sources miraculeuses de Mara, le bourgeonnement du bâton d'Aaron, l'immobilisation du soleil et de la lune... Ces miracles ont pour vocation de prouver aux esprits que Dieu est capable de tout. Les grondements du tonnerre et des eaux ne sont-ils pas « la voix du Seigneur » !

Il y a des miracles alimentaires comme la multiplication des pains, car il y en eu plusieurs.

Rappelons le plus connu :

Les disciples et une foule évaluée à 5 000 hommes – sans compter les femmes et les enfants précisent les chroniqueurs – sont à l'écoute du Christ sur les bords du lac de Tibériade.

La nuit tombe, les disciples se préoccupent de cette foule et ils posent la question à Jésus : « Comment allons-nous les nourrir ? ». Celui répond : « Donnez-leur vous-mêmes à manger ». « Facile à dire », répondent en chœur les apôtres. Jean confirme : « Il nous faut

200 deniers de pain pour nourrir tout le monde ». Philippe rétorque : « 200 ne suffiraient pas » et André ajoute : « Il y a là un enfant qui possède 5 pains d'orge et deux petits poissons. » « C'est suffisant » répond Jésus, « que tout le monde s'assoie sur l'herbe par groupe de cent ou de cinquante. »

Puis il est raconté que Jésus prit les pains, prononça une bénédiction rituelle et ordonna aux disciples de les distribuer. Ô miracle ! Pendant la distribution, les corbeilles étaient toujours pleines et il en resta 12 remplies de pains lorsque tout le monde fut rassasié.

Pour les croyants, la multiplication des pains reste l'exemple du miracle divin qu'il ne faut pas expliquer. Pour les matérialistes qui ne croient guère aux miracles, ou plus exactement qui ne croient pas en la toute-puissance surnaturelle d'un dieu, la multiplication des pains s'explique par un partage équitable des réserves alimentaires que certains avaient avec eux.

Les miracles – même expliqués scientifiquement – ou tout simplement naturellement, comme la récolte de la Manne dans le désert, qui n'a rien de miraculeux en soi puisqu'il s'agit de la sécrétion parfaitement nutritive d'une variété de tamaris, doivent être acceptés comme une manifestation surnaturelle ou divine. Surtout quand il s'agit de guérison. Une guérison exemplaire est racontée par l'apôtre Luc, le médecin, sur les témoignages de l'apôtre Pierre :

Une femme atteinte de pertes de sang depuis douze ans, qui avait souffert du fait de nombreux médecins et avait dépensé tout son argent avec sans aucun profit, allait de mal en pire.

Cette femme avait entendu parler de Jésus. Venant par derrière la foule, elle toucha son manteau car elle se disait : « Si je touche au moins son manteau, je serai guérie ». Aussitôt, elle sentit qu'elle était guérie de son hémorragie, Jésus s'étant retourné, demanda : « Qui a touché mes vêtements ? ». Ses disciples lui répondirent : « Tu vois la foule qui te presse de tous les côtés et tu demandes : »Qui m'a touché ?« ». Mais lui continuait de regarder.

Alors la femme, sachant ce qui lui était arrivé, lui dit la vérité. « Ma fille, dit-il, ta foi t'a sauvée. Vas en paix ».

La guérison soudaine de l'hémorragie de cette femme rappelle étrangement celle racontée par la romancière Marie Cardinale dans son livre, « Les mots pour le dire ».

Marie Cardinale écrit qu'à la suite d'un choc émotionnel en relation à une psychanalyse, elle fut délivrée de règles hémorragiques.

L'évangéliste Marc raconte une autre guérison.

Sur les rivages du lac Tibériade, un jeune garçon est amené par son père. Dès que l'enfant fut en présence de Jésus, il se secoua violemment, tomba à terre et se roula dans la poussière, de l'écume à la bouche. Jésus demanda au père : « Il y a combien de temps que cela lui arrive ? » Et le père répond : « Depuis son enfance. Il se jette dans l'eau, puis dans le feu. »

Puis l'enfant, après avoir poussé des cris, devint comme mort, si bien que tout l'entourage criait : « Il a trépassé ». Mais Jésus le releva en lui prenant la main et l'enfant se tint debout.

Nous avons là une description d'une crise d'épilepsie suivie d'une prostration cadavérique.

MORT

« La mort est une loi, non pas un châtiment » (François Meynard)

Qu'est-ce que la **mort** ?

La **mort** est, avec la naissance, notre expérience la plus personnelle.

Bien que la mort d'êtres chers soit une terrible souffrance, leur disparition ne nous touche pas physiquement. Puisque ce n'est pas nous qui nous arrêtons de vivre, mais l'autre.

La mort est un événement naturel. Il faut la considérer – pour le corps – comme un moment de sommeil qui n'a rien d'angoissant. Du moins pour ceux qui s'y préparent sachant ce qui les attend après.

La mort est d'une étonnante autonomie car nous ne pouvons agir contre cet événement ; seulement parfois la retarder. On avance bien les naissances !

Nous n'avons rien à dire, nous ne pouvons pas discuter avec la mort. Nous savons qu'elle est là et cette présence invisible et effrayante n'est pas étonnante puisque nous savons qu'un jour ou l'autre, nous passons de l'autre côté du miroir.

La mort est ainsi une des conditions de la vie. C'est un paradoxe, mais c'est la vérité. La mort est une scission entre Soi et le Réel et cette rupture est en fait une ouverture vers une nouvelle existence.

Mourir permet ainsi un nouveau départ vers un autre monde. L'une des inquiétudes liées à cet « arrêt de vie » est de ne pas savoir ce qu'il y a après la mort. Car il est rare de rencontrer quelqu'un qui « soit parti et soit revenu ».

La vérité est que les personnes qui ont franchi la

porte de cet autre monde, et qui, pour des raisons qui restent à analyser, se sont arrêtées en cours de route pour « revenir à la vie », ne doivent et ne peuvent pas raconter ce qu'elles ont vu et ce qu'elles ont vécu.

Mort : un mot tabou

Certaines personnes pensent que **parler de la mort** – ou tout simplement prononcer le mot mort – porte malheur. Pourquoi le mot mort est-il un mot tabou ?

Parce qu'en parler – et parfois tout simplement y penser – oblige l'esprit à imaginer la mort physique, à voir le corps devenir cadavre avec tout le cortège des douleurs et des frayeurs que ce mot transporte avec lui.

Mais aussi parce que penser à la mort d'une manière informelle – c'est-à-dire sans liaison à une mort réalisée ou à venir d'une personne – force l'esprit à philosopher.

J'emploie ce verbe dans le sens noble de « chercher les raisons profondes des choses ».

Montaigne dans ses *Essais* rappelle une phrase de Cicéron : « Philosopher, ce n'est pas autre chose que s'apprêter à la mort... En conclusion, prononcer le mot mort, parler de la mort, y penser... ne porte pas malheur mais, bien au contraire, porte bonheur. »

Et toute personne qui réfléchit à ce thème peut être appelé philosophe.

Le rituel de « l'état de mort »

Penser à la mort, parler de la mort, vivre la mort... obéit à un rituel en cinq étapes.

Première étape : interrogations et négations.

« La mort ne peut être imaginée puisqu'elle est absence d'images. Elle ne peut être pensée puisqu'elle est absence de pensées. Il faut donc vivre comme si nous étions éternels » (André Maurois).

158

« Savoir questionner la mort, et lors même de son agonie, douter de sa fin » (Nathalie Clifford Barney).
« La mort, quel déshonneur! Devenir soudain objet... » (Cioran).

Deuxième étape : refus, indignation, révolte.
« La mort n'est pas un mal, l'approche de la mort en est un » (Quintus Ennius).
« On trouve des remèdes à tout, excepté à la mort » (proverbe).
« La mort n'est pas un grand voyage, elle n'est pas semblable au sommeil. Elle n'est pas une maladie, c'est la maladie des maladies » (Jankélévitch).
« Je trouve la mort si terrible, que je hais plus la vie parce qu'elle m'y mène, que par des épines qui s'y rencontrent » (Mme de Sévigné).
« Il ne faut pas croire à la mort... » (Paul Fort).

Troisième : réflexion, analyse, spéculation, effort pour éviter le pire.
« Il n'y a aucun remède contre la naissance et contre la mort, sinon de profiter de la période qui les sépare » (Santayana).
« Je ne suis mort que spirituellement. Physiquement, je suis vivant. Moralement je suis libre » (Henry Miller).
« La mort est secourable et la mort est tranquille » (Léon Tolstoï).
« La mort ne surprend point le sage : il est toujours prêt à partir » (Jean de La Fontaine).
« Les hommes doivent souffrir leur départ, comme leur venue ici-bas : le tout est d'être prêt » (Shakespeare).

Quatrième étape : prise de conscience de l'inéluctable, inquiétude, chagrin, découragement.
« On trouve des remèdes à tout, excepté à la mort » (proverbe).
« Tous les jours vont à la mort, le dernier y arrive » (Montaigne).
« La mort finit tout ici-bas » (Horace).

« La mort n'est pas la fin de la souffrance. Croire à la paix est une sorte d'hérésie » (Graham Greene).

Cinquième étape : acceptation, résignation.
« La mort est un fait. N'essayons pas de corriger les faits » (Graham Greene).
« La douleur est un siècle et la mort un moment » (Gresser).
« Après la mort, il n'y a rien et la mort elle-même n'est rien » (Sénèque).
« La mort est simplement le terme de la vie, ni de peine, ni de bien, elle n'est point suivie » (abbé de Chaulieu).
« La préméditation de la mort est préméditation de la liberté. Le savoir mourir nous affranchit de toute subjectivité et contraire » (Montaigne).

On pense que la mort, qui est naturelle, universelle et quotidienne, procède de l'aléatoire et de l'imprévisible.
Or, les limites de la vie ne sont pas le fait du hasard. Elles sont inscrites dans notre destin génétique et cela dès la fécondation de l'ovule.
Toute notre vie est ainsi fixée, y compris le mécanisme de notre vieillissement et de notre disparition. Mourir est ainsi une « déprogrammation programmée ».
La question de la mort est inséparable de celle de la survie.
Comment sont et vivent les défunts ?
Certains prétendent que les disparus ne se réincarnent pas en humains, en chair et en os mais qu'ils agissent en spectres, en doubles, en fantômes qui accompagnent les vivants pendant leur existence. Ils sont présents dans les rêves, sont « presque » là dans l'ombre et dans le souffle des vivants.
Les défunts deviennent ainsi des vivants invisibles qui ont les mêmes sentiments que les humains. Ils aiment et haïssent, protègent et se vengent. Et cela avec une certaine exigence !
D'autres, possédant une culture plus métaphysique,

disent qu'il existe une séparation radicale entre les vivants et les défunts. Parmi les morts, une distinction s'établit « entre les morts anonymes et les grands morts » (ou morts ancêtres). Certains de ces grands morts accèdent au titre de dieu.

D'autres encore, ayant une culture, disons moderne, refusent de se laisser envahir par les doubles, les fantômes et les esprits. La mort reste la mort et même Dieu est mort !

Mais un jour, les dieux triomphants deviendront les maîtres du monde ou plutôt les maîtres des mondes. Les doubles, les fantômes et autres vivants invisibles disparaîtront tandis que la notion d'esprit prendra de l'altitude. L'âme deviendra réellement immortelle.

A MEDITER :

« Ce n'est pas la mort qu'il faut redouter, c'est une vie passée dans l'injustice, car ce serait le plus grand des malheurs que de descendre aux enfers la conscience gonflée de crimes » (Platon).

« Je voudrais être mort : c'est un souhait fréquent qui prouve, du moins quelquefois, qu'il y a des choses plus précieuses que la vie » (Denis Diderot).

« La préméditation de la mort est préméditation de liberté... Le savoir mourir nous affranchit de toute subjectivité et contraire » (Montaigne).

« La mort est un fantôme, une chimère puisqu'elle n'existe que quand elle n'existe pas » (Feuerbach).

« ...et puisque dieu existe, il ne peut arriver rien de mal à l'homme juste ni pendant sa vie, ni après sa mort » (Platon).

PALINGENESIE

Palingénésie : l'éternel retour

La palingénésie est un retour périodique éternel des mêmes événements. C'est une renaissance des êtres – ou des sociétés – susceptibles de répétition et généralement conçus comme sources d'évolution et de perfectionnement.

Ernest Renan, dans son livre *La Vie de Jésus* écrit : « L'ordre actuel de l'humanité touche à son terme. Ce terme sera une immense révolution, une " angoisse " semblable aux douleurs de l'enfantement : une palingénésie ou renaissance (selon le mot de Jésus lui-même) précédée de sombres calamités et annoncée par d'étranges phénomènes. »

PARAPSYCHOLOGIE

Eloge de la paraspychologie : « Que serions-nous sans le secours de ce qui n'existe pas » (Paul Valéry)

Qui dit « para » dit « à côté, au-delà, au-dessus, en dessous, autour, ailleurs... » de ce qui est dit comme normal. Partant de cette étymologie, la parapsychologie étudie les faits qui n'entrent pas dans les normes de la psychologie. Ainsi sont la télépathie, les actions à distance, les perceptions et les actions étranges, la voyance, les guérisons...

Est parapsychologue celui qui possède des pouvoirs, tels les mages, les guérisseurs et les voyants. La vérité n'est pas sur la réalité de la parapsychologie, puisqu'il est prouvé qu'elle existe, mais sur l'authenticité des pouvoirs de ceux qui se disent parapsychologues... Qui a des pouvoirs les tient secrets, dans la mesure où, s'agissant de capacités occultes, ils ne sont pas explicables. De plus, la détention de ce secret constitue en elle-même un pouvoir.

A l'origine de la parapsychologie, on trouve la métapsychique qui s'intéresse plus particulièrement au spiritisme et aux communications des défunts par le canal des médiums.

Rappelons qu'un médium est sensé recevoir des informations de l'au-delà. Il recueille des messages parlés ou écrits à destination de ses consultants et il peut lui arriver de matérialiser des esprits. Mais cela demande à être prouvé. Il y a des médiums indiscutablement doués et sérieux comme le fut Eusapia Palladino qui a convaincu les hommes de sciences de ses pouvoirs. Il y a des médiums illusionnistes et simulateurs. Mais cette distinction se retrouve dans toutes les professions.

Les parapsychologues, dont certains sont appelés

maintenant des « sensitifs », obtiennent des informations par des voix différentes de celles que les sciences connaissent. C'est cette différence qui donne le don et qui crée le doute.

C'est en étudiant le cerveau, machine fantastique, que l'on comprend la parapsychologie et notamment la médiumnité. L'esprit – pas celui des apparitions ! – va chercher ses informations, on pourrait écrire sa lumière, à l'instar de celle qui est dégagée par une ampoule électrique, à deux sources à la fois distinctes et combinées. La première source est le cerveau alimenté par des impulsions électriques. La seconde source est l'esprit dont on ne sait pas d'où viennent les énergies. Les savants ajoutent, tel le neurochirurgien anglais Wilder Penfield : « Je suis incapable d'expliquer la présence de l'esprit dans le mécanisme du cerveau. »

Un parapsychologue va plus loin qu'un psychologue dans l'élaboration et l'expression des faits psychiques. Ce qui est normal puisque ce dernier s'interdit de réaliser des performances paranormales et, pourrait-on dire, spectaculaires, alors que l'on attend du parapsychologue qu'il le fasse. Et tant que les techniques des phénomènes paranormaux ne seront pas expliquées par les sciences, les parapsychologues feront des miracles qui seront mis en doute par les psychologues !

Les méthodes comme les résultats parapsychologiques continueront à être dédaignés par les psychologues. Il en a été ainsi pour l'hypnose. L'aura magique de cette technique s'est dissipée le jour où ont été expliqués les mécanismes et les séquences du sommeil.

Un autre motif de mésentente, souvent aimable mais aussi parfois acide entre psy et parapsy, est la différence des champs d'observation et d'exploitation de l'un et de l'autre.

Autant celui du psychologue est limité par des méthodes – n'oublions pas que la psychologie est la science des faits psychiques et de leurs lois, résultant de recherches expérimentales et d'une connaissance objective de la vie mentale – autant le champ d'observation du parapsy est illimité : aucun préjugé ne l'arrête.

Lorsqu'un parapsychologue, médium ou sensitif, « voit quelque chose qui s'avère vrai » et qu'il prédit un événement qui arrive, que les autres ne peuvent ni voir, ni prédire, il est évident que le psychologue ne peut que se sentir frustré. Il lui manque évidemment une dimension para-quelque-chose !

La psychologie et la parapsychologie se rapprochent et des expériences sont faites pour comprendre, psychologiquement parlant, les faits parapsychologiques. Mais le problème reste que les expérimentateurs utilisent des études de laboratoire, des méthodes statistiques, des paramètres qui ne sont pas applicables à la parapsychologie puisque cette dernière ne fonctionne pas sur les mêmes croyances ni avec les mêmes critères de validité.

Le conflit entre psychologie et parapsychologie a commencé avec celui de la science et de la religion. Aux xviiiᵉ et xixᵉ siècles, la parole était aux religions qui affirmaient que l'âme, substance immatérielle, animait le corps tout le long de la vie pour continuer à survivre après la mort, lorsque l'enveloppe charnelle se désagrégeait.

Il est évident que cette croyance ne pouvait plaire aux scientifiques matérialistes, aux physiologistes et psychologues expérimentaux qui refusaient l'intervention d'un esprit occulte, d'une entité méta et/ou parapsychique.

Les dogmes religieux parlent d'une âme d'essence divine, les parapsy d'une âme-esprit d'essence cosmique et les scientifiques d'un esprit émanation du cerveau.

Mais où classer les phénomènes défiant les explications des scientifiques ?

Les scientifiques sont péremptoires : « Le préfixe para marque qu'il s'agit de phénomènes exceptionnels, aberrants, en dehors des lois connues de nous, de la pensée et de la vie » (E. Boirac).

Heureusement, d'autres scientifiques, chercheurs et penseurs à l'esprit ouvert, admettent la réalité des faits paranormaux. Tout en avouant en ignorer les causes, ils acceptent le principe qu'il puisse exister des facultés « supérieures ».

PREDESTINATION

Socrate et l'enfant

Voici une histoire.

Socrate parle avec un jeune garçon, esclave de son état, ne sachant ni lire ni écrire. A un certain moment, Socrate – usant de son art de la maïeutique ou « art d'accoucher les esprits » – pose une colle géométrique au garçon qui ne sait bien entendu que répondre.

Socrate renouvelle sa question en la posant différemment ou plutôt en posant « de bonnes questions ».

Or, l'enfant répond justement et Socrate en tire la conclusion que le jeune esclave possédait déjà en lui la connaissance et que lui, Socrate, n'a fait que « sortir » la bonne réponse de la bouche de l'enfant.

Cette histoire confirme l'idée d'une « conscience innée universelle ». En effet, pour reprendre l'exemple de Socrate, comment peut-on expliquer les « bonnes réponses » du jeune garçon sinon par la préexistence dans sa mémoire de vérités essentielles.

La question que doivent se poser tous les êtres humains est celle-ci : « Où et comment peut-on apprendre ces vérités essentielles ? »

Ce n'est plus le cerveau en tant qu'organe, réservoir de choses apprises, qui est concerné, mais un esprit et une mémoire universels.

Il semble donc que nous ayons en nous une programmation de « lois universelles » que notre esprit va lire quand il en a besoin.

Au sein de notre cerveau – et ailleurs dans tout notre corps –, se trouvent déterminées, selon les lois de la génétique, des prédispositions innées. Et celles-ci doivent être exploitées.

Deux questions en une se posent :
– Quelles sont ces prédispositions ?

Peut-être y en a-t-il qui nous permettraient d'être plus heureux, plus riche, plus apaisé... que nous le sommes ?

Peut-être y en a-t-il qui nous permettraient de devenir un savant, une artiste...?

– Comment faire pour connaître ses prédispositions innées ?

En effet, il doit y avoir une ou des clefs pour connaître nos prédispositions afin d'en profiter.

Quels sont les moyens, les méthodes, les clés qui permettraient de lire ce qui est écrit en nous et qui est notre prédestination ?

REINCARNATION

Corps et âme

Au mot « **réincarnation** », le dictionnaire dit « incarnation dans un nouveau corps d'une âme qui avait été unie à un autre corps ». L'idée de la réincarnation appartient à une doctrine selon laquelle une même âme peut animer successivement plusieurs corps humains, animaux et même végétaux. La Métempsycose – autre nom de la réincarnation – est un dogme fondamental du Brahmanisme.

Les druides affirmaient que les âmes, qui étaient éternelles, changeaient constamment de corps et cela selon les qualités, la valeur et la moralité. Ainsi, une « âme vaillante » pouvait se retrouver dans le corps d'un lion tandis qu'une âme jouisseuse allait se loger dans le corps d'un cochon. Et ce cycle continuait jusqu'au moment où, après une purification, l'âme en question reprenait le corps d'un homme.

Le processus de la réincarnation n'a pas été élucidé et ne le sera probablement jamais, du moins scientifiquement. En effet, des questions viennent à l'esprit, auxquelles il n'est guère possible de répondre faute de témoignages, de preuves et d'indices.

Les questions sur la réincarnation ne peuvent être que simplistes puisque exprimées dans une logique terrestre :

– Combien de temps se passe-t-il entre chaque incarnation ?
– Change-t-on de sexe lors d'une incarnation ?

Et il y a autant de questions que d'étoiles dans le ciel.

Pour mieux comprendre la réincarnation, il est essentiel de suivre le parcours de pensées et de vies d'illustres réincarnationnistes. Ainsi furent dans l'Antiquité, Pythagore, Empédocle, Platon. Puis aux XIXe et XXe siècles, les Théosophistes, les Spirites, les Anthroposophistes. Et bien sûr les adeptes de l'Hindouisme, du Bouddhisme et de la Cabale.

La musique est l'âme de la réincarnation

Nos **cinq sens** participent aux cérémonials de la réincarnation.

L'ouïe pour la musique, le chant, les paroles ; l'odorat pour les parfums ; le goût pour les boissons et les aliments ; la vue pour les images et le spectacle ; et enfin le toucher pour les attouchements, les impositions et le massage.

La musique avec ses rythmes, ses tonalités, ses instruments et ses voix a pour mission d'associer l'esprit à la plénitude de la conscience cosmique.

La musique, qu'elle vienne d'une flûte, d'un tambour, d'une harpe, d'un orgue, d'un chœur... fait participer à une communion avec le divin et le sacré.

La musique endort les vivants, réveille les morts, crée des métamorphoses.

La musique se joue sur trois modes que connaissent bien les prêtres et les magiciens. Le mode du sommeil, propice aux rêves et aux révélations, le mode du sourire, propice aux divertissements et à la joie, et enfin le mode de la lamentation, propice aux prières.

Les Chinois inventèrent, il y a quelques trois mille ans avant notre ère, une musique arithmétique, réalisée à partir du chiffre 12.

Un octave de 12 demi-tons appelés les 12 lius, correspondait aux 12 mois de l'année et à 12 étapes psychiques en relation avec les 12 typologies astrologiques.

Pythagore, savant, philosophe et mystique grec du VIe siècle avant J.-C, qui s'intéressait à l'étude des nombres et des proportions, établit les relations entre les principaux intervalles musicaux. Les nombres et la musique firent partie de l'enseignement de Pythagore qui contenait, entre autres, des cours sur la réincarnation ou la transmigration des âmes (métempsycose).

La musique accompagne toutes les fêtes et les réjouissances, festins, noces, couronnements mais aussi les moments douloureux comme les deuils et les guerres. Elle fait partie de la vie quotidienne. Le berger grec jouait de la flûte, de la lyre ou du chalumeau en surveillant son troupeau, le supermarché de notre temps propose les derniers tubes à la mode. La musique devient prière lorsqu'elle est psalmodiée. La musique des psaumes apaise et agit sur l'âme.

La musique, dans le cérémonial de la réincarnation, est le langage des dieux. Les sons, en frappant l'oreille par l'effet des mouvements vibratoires rythmiques, conditionnent l'âme. Il peut s'agir de chants mais aussi de paroles. La psalmodie est une manière particulière d'émettre des sons avec la voix, basée sur la répétition de certaines lettres et mots. Les hindous et les bouddhistes psalmodient des formules sacrées appelées mantras. Et le ton, le son et la répétition modifient la conscience. En fait, la psalmodie développe la respiration et, en changeant le rythme respiratoire, elle augmente le taux d'oxygène qui irrigue le cerveau. Le mantra le plus sacré, que l'on appelle le son de dieu, est Om ou Aum. Cette monosyllabe est considérée comme un son créateur.

La musique des mantras, celle des formules rituelles et enfin celle des prières permettent d'entrer « en vibration » avec l'univers. Il s'agit réellement d'une mise en communication et en communion avec les forces cosmiques. Ce qui permet, en conclusion, de recevoir des messages de l'Au-Delà.

« Un peu d'encens brûlé rajuste bien des choses... » (Cyrano de Bergerac)

Les substances aromatiques que l'on brûle et qui produisent une odeur, comme tout particulièrement l'encens, influencent la conscience.

Les effluves d'encens qui montent des autels et des encensoirs – cassolettes suspendues à de longues chaînes – ont pour vocation d'élever l'esprit et les prières vers le ciel.

« Faire fumer l'encens » donne une ivresse sacrée qui permet d'entendre, de voir et de dire des choses surnaturelles.

C'est pourquoi, dans tous les sanctuaires, des « parfums sacrés » sont employés.

Les recettes sont différentes selon les dieux invoqués et les souhaits des croyants. Par exemple, un texte du livre de l'Exode, deuxième livre de la Bible, donne une recette utilisée dans le sanctuaire du temple de Jérusalem.

A côté de prescriptions concernant le mobilier, les chandeliers, le vestiaire, les vêtements, les huiles et autres ustensiles, il est donné la formule de fabrication du « parfum sacré ».

Des résines, une substance odoriférante extraite de coquillages, du sel... Un tel parfum a une valeur symbolique mais aussi spectaculaire. La fumée plus ou moins épaisse donne un flou divin à l'endroit et aux personnes qui s'y trouvent.

Des parfums sont répandus sur des objets, des statues, sur le corps. Sans parler de l'embaumement des cadavres et du dépôt de fioles de parfums dans les tombes.

Les parfums ont une autre mission qui est de donner un souvenir par la persistance de l'odeur. Par là même, le parfum devient la mémoire.

L'odorat participe ainsi à un rituel de purification, de mise en état d'ivresse sacrée, d'élévation, de communication avec les souvenirs. En un mot, avec l'Au-Delà.

Certains mystiques – et nombres de témoignages l'attestent– lorsqu'ils sont en transe, exhalent un parfum. On dit alors qu'ils sont en « odeur de sainteté ».

La nature chimique des substances odoriférantes est décelable chimiquement. Il s'agit de cétones qui ont effectivement des senteurs d'iris, de jasmin, de violette, d'œillet. Par exemple, Sainte Thérèse d'Avila exhalait une odeur de violette identifiée par le jardinier du couvent. Il s'agit là d'« ivresse mystique » que les chimistes expliquent fort bien par la sécrétion de substances psycho-chimiques.

Il faut, en conclusion, retenir que l'odorat intervient pour faire passer la conscience d'un plan terrestre à un autre, céleste et cosmique.

Ceci est ma chair, ceci est mon sang

Boire et manger seul ou à plusieurs, fait partie des rituels de la réincarnation. Prenons par exemple le vin, du fait de sa couleur et de sa spécificité – le vin est l'essence de la vigne –, il est considéró comme un breuvage de vie et d'immortalité. En raison aussi de l'ivresse qu'il procure, il est le symbole de la connaissance surnaturelle et de l'initiation à des mystères. A l'occasion du « repas sacré de l'Eucharistie » (Bossuet), le vin devient le sang du Christ et le pain devient sa chair.

Par l'Eucharistie, il y a transmission de la présence divine :

« Qui mange ma chair et boit mon sang, demeure en moi et moi en lui » (Evangile de Jean 6)

Lorsque le vin est mélangé au sang pendant les cérémonies de serments de certaines sociétés secrètes chinoises, il permet d'atteindre l'âge de 199 ans.

Certaines herbes sont curatives et vivifiantes, elles donnent la santé, la fécondité et la virilité. D'autres sont vénéneuses, ce qui ne les empêche pas d'être appréciées.

Les plantes captent les forces cosmiques par leurs

feuilles et les énergies terrestres par leurs racines. Elles sont des accumulateurs de puissances.

Boire et manger certaines substances permet d'atteindre des états seconds et d'ouvrir la porte de paradis pas seulement artificiels.

Les progrès de la psychopharmacologie qui s'intéresse aux plantes « divinatoires », – par exemple à la mescaline du Peyotl – éclaire sur les transformations des états de conscience.

Le dogmatisme scientifique est obligé de s'incliner devant les découvertes des chercheurs et des chimistes.

Morts-nés et nés-morts...

Il est écrit que les êtres humains ont vécu, **sont morts et sont nés** à nouveau, un nombre incalculable de fois.

Cette affirmation est le leitmotiv de certaines pensées religieuses et notamment de la pensée tibétaine sur la vie et la mort.

Il s'agit d'une croyance religieuse par laquelle les actes commis du vivant, physiquement, en parole, en pensée, déterminent le destin et conditionnent les naissances nouvelles. Cette croyance insiste sur un enchaînement causal appelé karma.

En résumé, le mot réincarnation est utilisé pour expliquer la renaissance dans un corps humain. Celui de métempsycose est employé pour expliquer la renaissance dans un corps animal ou végétal.

Les mots de transmigration et samsara, aux Indes, définissent également le passage d'une âme, d'un corps dans un autre.

Il faut surtout retenir que dans ces « possibilités », l'Au-Delà n'est plus alors concerné puisque tout se passe sur terre.

Sauf dans le cas où une croyance précise que l'âme défunte transite dans un Au-Delà pendant un temps à déterminer. Cet Au-Delà pouvant être un univers extra-terrestre de quarantaine pendant laquelle l'âme est jugée. Et la sentence peut être un nouveau séjour terrestre à titre de punition ou une entrée au paradis après un temps plus ou moins long de purgatoire.

Le phénomène – croyance

A propos des témoignages sur la réincarnation, Carl Gustav Jung écrit :

« ...Je prends note avec respect de la profession de foi indienne en faveur de la **Réincarnation**. Et je regarde autour de moi, dans le champ de mon expérience, me demandant si n'importe où et n'importe comment ne se produit pas un événement qui puisse légitimement évoquer la réincarnation.

Il va de soi que je laisse de côté les témoignages, relativement nombreux chez nous, de croyances à la réincarnation.

Une croyance me prouve seulement l'existence du phénomène croyance mais nullement la réalité de son contenu. Il faut que celui-ci se révèle à moi empiriquement, en lui-même, pour que je l'accepte. Jusqu'à ces dernières années, bien que j'y eusse apporté toute mon attention, je n'avais pas été à même de découvrir quoi que ce soit de persuasif à ce sujet... »

A MEDITER :

« Comme le sein maternel qui nous porte neuf mois ne nous porte pas pour l'habiter toujours, mais bien pour ce monde où il nous dépose assez fort déjà pour respirer l'air et souffrir les impressions du dehors, ainsi, le temps qui s'écoule de l'enfance à la vieillesse, nous mûrit pour une seconde naissance. Une autre origine, un monde nouveau nous attend » (Sénèque).

RESURRECTION

Au-delà de la mort, la vie...

Au mot « **résurrection** », le dictionnaire dit « le retour de la mort à la vie ».

Toutes les religions, à commencer par les plus primitives, ont inventé la résurrection. Celle-ci découle du principe selon lequel le secret de la vie appartient aux dieux ou à un dieu. Par là même, le secret de la mort lui ou leur appartient aussi.

De quand datent les croyances en la résurrection ?

Il y a plus de 100 000 ans, l'homme de Neandertal emportait avec lui des armes, de la nourriture et des objets divers pour le « grand voyage ».

La croyance à la résurrection est ancrée dans l'inconscient collectif depuis des millénaires et il n'est donc pas étonnant que nous y pensions tous.

Or, cette croyance, mémorisée dans notre inconscient, n'est pas venue toute seule. L'idée, pour s'installer, devait exister, de là la suggestion que la résurrection n'est pas un mythe mais une réalité.

Mais encore faut-il revenir aux sources. C'est-à-dire définir ce qu'est véritablement la résurrection.

Les personnes qui sont « ressuscitées » ne parlent pas de leur voyage dans l'Au-Delà et cela pour trois raisons.

– Parce qu'ils ont perdu la mémoire de ce séjour dans cet autre monde.

Cette amnésie est d'ailleurs inscrite dans notre programme conscient afin de ne pas empêcher la personne de revivre « normalement ». En effet, l'aperçu et le vécu de cet « après la vie » étant d'une richesse étonnante et d'un bien-être tellement parfait, il est évident que la vie terrestre semblera bien fade et bien triste. Et qui est revenu n'aura qu'une seule idée, c'est de retourner là-bas. Ce retour pouvant être alors associé à une obsession de suicide.

– Parce que les mots conscients, les mots de tous les jours, sont incapables de définir « ce qu'il y a après ».

Dans l'incapacité de trouver les mots justes pour expliquer les couleurs, les lumières, les émotions... le « revenant » choisit de se taire. D'autant que les explications qu'il pourrait donner ne seraient guère comprises par les humains.

Comment, en effet, l'esprit humain peut-il accepter cette affirmation que la mort n'est pas un « trouble-vie » – comme on dit un « trouble-fête » !

– Parce qu'il est prouvé que la mort – comme la naissance – a une fonction vitale.

Je veux dire que les dispositions régulatrices de la nature humaine ne peuvent avoir programmé la mort comme un acte gratuit et inutile.

Les deux événements majeurs que sont la naissance et la mort sont intimement liés et accordés aussi bien sur le plan physiologique que sur le plan psychologique et métaphysique.

C'est pourquoi le passage de la vie à la mort s'accomplit suivant un schéma qui appartient à chacun. Celui-ci comprend l'hérédité, le tempérament et le vécu. C'est ce vécu qui fait que la mort avance ou recule d'une infinie quantité de minutes par rapport au temps cosmique dans la mesure où le décès physique est conditionné par l'alimentation et le comportement.

Les procédures initiatiques de la résurrection

Les mythologies et les religions ont leurs héros, leurs dieux, leurs mystères, leurs doctrines. Il faut lire les récits dramatiques des héros et des dieux pour comprendre les « procédés initiatiques » de la résurrection.

Après avoir vécu des épreuves extraordinaires, les héros sont morts, mangés par des monstres, brûlés vifs, crucifiés... Et ils sont revenus à la vie. Les expériences de mort et de résurrection rapportés par des témoignages – par exemple les Evangiles – sont autant de « procédures initiatiques » pour les croyants.

De là, l'utilisation de cérémonials et de rituels destinés à provoquer des états extraordinaires au cours desquels la conscience est altérée, des émotions intenses et des pulsions instinctives sont vécues.

Les manifestations psychologiques qui découlent des cérémonials et des rituels ont des vertus curatives. Et des prêtres, médecins, magiciens, experts en rites de mort et de renaissance connaissent les forces secrètes, lovées dans l'inconscient, qui habitent l'être humain. Ils savent comment les exploiter et ils n'ignorent rien des influences prodigieuses de l'inconscient collectif, là où sont emmagasinées sous forme d'archétypes – de modèles – des expériences universelles.

Les Chamans, les Grands Prêtres, les Grands Maîtres qui ont été initiés aux mystères de la mort et de la résurrection savent comment libérer les émotions refoulées, comment provoquer des extases prophétiques, comment créer des inspirations artistiques et enfin « purifier » – le mot savant est catharsis – le corps et l'esprit de toutes sortes de désordres physiques et psychiques qui les encombrent.

Il est dit parfois d'un médecin, à propos de son malade qu'il a réussi à guérir, « il (le médecin) l'a tiré du tombeau ». Cette expression évoque un malade dont le cas était désespéré et qui reprend vie « de justesse ».

Il est évident qu'à la mort, le cerveau cesse de fonctionner, ce qui entraîne la fin de toute activité mentale, activité consciente et inconsciente.

L'immortalité de l'esprit – ou de l'âme – est compromise selon cette logique et les croyances religieuses, notamment chrétiennes d'une « vie éternelle » sont battues en brèche.

Il fallait donc, pour les chrétiens, trouver un subterfuge devant la logique implacable de ce raisonnement : c'est la résurrection.

La pensée chrétienne emprunte à Platon et à l'ancien judaïsme cette croyance résumée en une phrase dans les Actes des Apôtres « Il faut croire à la résurrection de la chair et la vie éternelle ».

La signification chrétienne de la résurrection est incompatible avec l'idée d'un esprit machine-à-penser hébergé par le cerveau.

Mais il y a des contradictions !

L'Evangile de Matthieu dit que « Dieu relèvera les morts de leurs tombeaux pour qu'ils reviennent sur cette terre... ».

Or, Saint Paul écrit « ... la personne ressuscitée sera incarnée dans un corps spirituel et non terrestre... cette résurrection sera adaptée au monde céleste. Les différents corps ressuscités auront des caractéristiques individuelles correspondant aux différentes personnalités qui seront ainsi incarnées » (repris par John Hick).

Des milliards de ressuscités

Mais que de questions !

Les corps ressuscités prennent de la place dans l'espace, et quel est cet espace et où est-il ?

Les milliards de milliards de ressuscités auxquels s'ajoutent les milliards de milliards de ressuscités à venir occupent et occuperont un espace incommensurable. Il y a donc un nouveau monde qui pourrait s'appeler « l'univers de la résurrection » où se retrouvent et se retrouveront tous les ressuscités.

Après la mort terrestre, l'être humain entre dans ce monde avec sa forme, sa personnalité et son identité. Et il continue à vivre avec sa conscience d'avant et la mémoire de son vécu.

Et c'est maintenant que plusieurs questions se posent.

Est-ce que cet univers est identique à celui de la

terre ? Est-ce que la résurrection est suivie d'autres résurrections avec des nouveaux transferts dans d'autres univers ? Est-ce que la résurrection se fait « en l'état », c'est-à-dire selon le sexe, l'âge, l'évolution intellectuelle, la santé ?

En effet, un mourant qui ressuscite ne peut que ressusciter en l'état d'un mourant !

A cette question, Saint Augustin et Saint Thomas d'Aquin – penseurs chrétiens – précisent que les ressuscités auront l'âge de trente ans environ. C'est ainsi qu'une personne âgée rajeunira mais qu'un enfant vieillira !

Pour Berkeley, philosophe anglais, les corps ressuscités perdent leurs apparences charnelles et deviennent des images.

La conscience survit à la mort et entre, en l'élaborant, dans un monde d'images.

Cette théorie pourrait expliquer notamment le phénomène des rêves et de la télépathie.

L'être humain formant un Tout, étant une unité psychosomatique (corps et âme) indissoluble, il ne peut y avoir de vie mentale sans un cerveau en vie.

Partant de cette réflexion, la vie éternelle n'existe que par et dans l'imagination.

S'il y a une « mémoire divine » où se retrouvent les âmes des corps défunts, celle-ci ne peut qu'être imaginée.

Puisqu'il ne nous reste que l'imagination, rien n'empêche de présupposer une continuation et un développement de l'Etre humain dans une ou plusieurs vies après la mort ou la résurrection du corps ou de l'esprit seul.

RETROSPECTIVE

Le film de la vie

Lorsqu'on se trouve « entre la vie et la mort », une **rétrospective** de la vie passée a lieu. En effet, il est vrai que les personnes qui ont vécu l'expérience d'une proximité physique et mentale de la mort, disent que se déroule devant leurs yeux, ou plutôt dans leur cerveau, le film de leur vie avec des moments-clés.

En réalité, « la-presque-mort » déclenche des mécanismes de survie, le cerveau secrète des substances qui ont pour mission d'éviter des angoisses en anesthésiant certaines cellules du corps qui pourraient souffrir.

Ce subterfuge a deux vocations.

La première est d'éloigner le spectre de la mort en occupant l'esprit par autre chose, en l'occurrence la vie passée avec ses moments importants.

La deuxième vocation est de préparer l'âme à une autre vie en cas de renaissance. Il est certain que lorsqu'on se réveille d'une agonie, la vision du monde, des choses de la vie et de Soi-même est différente. La renaissance révèle la vraie nature de la vie et de Soi. Sont mises en lumière les vraies qualités. Il ne s'agit plus de se mentir ni de s'abuser par des apparences.

C'est pourquoi les personnes qui ont vécu cette expérience de la mort et de la renaissance ne sont plus comme avant. Elles sont en possession de secrets qui les invitent à vivre d'une manière plus cohérente et plus harmonieuse.

Elles sont « en pleine lumière » avec elles-mêmes.

RÊVE

« Les rêves soulèvent les dalles de la nuit »

Le mot Rêve a plusieurs définitions.

La plus rationnelle – et quel paradoxe de parler de rationalité à propos du Rêve ! – est celle de Georges Sutter : « Le Rêve est un phénomène psychologique se produisant pendant le sommeil et il est constitué par une série d'images dont le déroulement figure un drame plus ou moins suivi. »

Carl Gustav Jung donne du mot Rêve une définition plus psychanalytique : « Le Rêve est l'autoreprésentation spontanée et symbolique de la situation actuelle de l'inconscient. »

Synthétisant ces deux définitions, et bien d'autres, on peut écrire que nos Rêves sont l'expression imagée et immatérielle – une sorte de réalité virtuelle – d'une activité mentale, relativement consciente et infiniment inconsciente.

Le Rêve exprime nos aspirations les plus profondes. Celles que nous ne connaissons pas encore et que nous ne connaîtrons peut-être jamais, à moins que nous accédions à notre Autre Vie. C'est pourquoi il est primordial de s'intéresser à nos Rêves lorsqu'il s'agit de parler de l'âme, de l'esprit, des énergies spirituelles, de la vie, de l'après-vie, de l'avant-vie...

Nos rêves sont la littérature de notre sommeil

Un Rêve est toujours personnel.

C'est nous qui vivons l'événement du Rêve et les messages du Rêve nous sont destinés.

Nous pouvons recevoir des informations pour d'autres personnes et il nous appartient alors d'assumer une mission de messager.

Nous rêvons tous car nous avons tous une Ame. Notre Ame — et ce mot doit être accepté dans un sens spirituel et non religieux — a des choses à nous dire et sa conversation est d'une inépuisable richesse.

Si certains prétendent ne pas rêver, c'est par refus — volontaire ou non — de ce phénomène « qui échappe à la conscience ».

Nous rêvons parce que nous dormons, et nous dormons car c'est vital pour notre équilibre biologique et psychologique. Qui méprise le sommeil, méprise sa vie et qui méprise ses rêves risque une dislocation de sa personnalité.

« Qui sait si cette autre moitié de la vie où nous pensons veiller n'est pas un autre sommeil un peu différent du premier » (Pascal)

Rien n'est sûr avec nos Rêves car nous n'en connaissons que quelques uns ; ceux qui apparaissent dans notre sommeil dit « superficiel ». Restent les Rêves auxquels nous n'avons pas accès.

Mais s'agit-il toujours de Rêves ?

Ne s'agit-il pas plutôt de la Vie réelle de l'Ame, dont nous ne saisissons que quelques images par la grâce de nos Rêves dits superficiels. Et une question appelle une réponse impossible : Où est la frontière entre la Vie réelle et le songe ? Comment savoir si nous sommes dans le songe ou dans la Vie réelle de l'Ame ?

A méditer :
Pascal nous propose un conte plein d'humour et de sagesse.

« Si un artisan était sûr de rêver toutes les nuits, douze heures durant, qu'il est roi, je crois qu'il serait presque aussi heureux qu'un roi qui rêverait toutes les nuits, douze heures durant, qu'il serait artisan. »

« Peut-être le monde qui nous apparaît n'est-il pas réel, peut-être sommes-nous en train de réver ? » (Marsile Ficin)

Il nous faut distinguer nos **Rêves ordinaires** dont nous retenons quelques images, et qui, en tant qu'activité de notre Ame, nous sert à pénétrer dans notre passé, à vivre mieux et différemment notre présent et à préparer notre futur, et nos **Rêves profonds** inaccessibles pour notre conscience. Ces derniers Rêves ne sont plus tout à fait des rêves car ils sont les réalités de la vraie Vie de notre Ame. Et c'est cette Vie-là, éternelle et infiniment exaltante, qui est à connaître.

Toute la question est de savoir comment entrer en contact avec notre Ame profonde, comment avoir accès et participer à cette Vie dont nous ignorons jusqu'à l'existence, avant d'en avoir la révélation par notre Ange.

Nos rêves viennent d'ailleurs

Certains psychanalystes affirment que la vérité sur l'existence de nos Rêves et de leurs apparitions pendant notre sommeil est décevante pour notre Ego. En effet, notre Ame se parle à elle-même dans l'événement du

Rêve et, que nous nous écoutions ou pas, cela ne la concerne pas.

Quel mépris pour notre petite personne ! Alors que nous pourrions espérer que notre Ame a quelque chose à nous dire, la vérité est qu'elle n'a que faire de nos consciences d'humains.

En revanche, lorsque le plan des Rêves ordinaires est dépassé, que nous avons réussi à communiquer avec notre Vie éternelle, nous ne pouvons que nous réjouir car nous voilà alors comblé, protégé et devenu nous-même Eternel.

Une des preuves que nos Rêves viennent d'ailleurs est leur ordonnancement et, pourrait-on dire, leur mise en scène. Ernest Aeppli, psychologue suisse, auteur d'un remarquable ouvrage sur les Rêves, parle d'une « instance supérieure ». Cette instance est en fait notre Ame – l'éternelle – qui est en nous et qui connaît tout de nous, notre passé, notre présent et notre futur.

Cette assurance que nos Rêves sont le langage de notre Ame, et donc de nos inconscients personnels et universels, dépasse la conception de Freud qui, lui, affirmait que nos Rêves sont des manifestations de réalités cachées où la part de la sexualité est omniprésente. Certes, la substance des Rêves, de certains rêves, est la conscience – et l'inconscience – d'un manque. Mais les Rêves ne sont pas seulement des sujets d'analyses psychologiques et psychanalytiques.

Bien que les matériaux habituels de nos Rêves soient d'une grande banalité, quand il convient au régisseur de nos Rêves de nous parler ainsi, avec des images d'Epinal, il faut retenir que nos Rêves sont des stratégies spirituelles, cosmiques, sacrées et divines, utiles à nos bonheur et épanouissement quotidien et au service de notre destinée terrestre et éternelle.

L'Intuition est l'ange du rêve

L'intuition permet de dialoguer avec notre Ame.

En effet, son langage est constitué d'images. Certaines sont simples et aisées à comprendre comme le sont les événements humains fondamentaux : naître, vivre, aimer, souffrir... En revanche, d'autres images sont à double sens, histoire d'inviter le rêveur à réfléchir. Et tant pis pour qui ne comprend pas la sémantique du rêve, faite de jeux spirituels et d'approfondissements psychologiques.

Il y a, pour le rêveur peu soucieux d'approfondir ses songes, car les considérant avec humour et désinvolture, comme les clins d'œil d'un cerveau endormi, toutes sortes de Clés des Songes.

D'autres images enfin sont groupées en essaim et cela de telle manière qu'il se produit une concentration et une condensation d'images. Ces regroupements sont appelés **archétypes** par le Dr Jung parce qu'ils produisent une énergie spirituelle particulièrement agissante, commune à tous les êtres humains. Ces images archétypes, qui sont en nombre limité, doivent être analysées en priorité car ce sont elles qui révèlent l'héritage ancestral inscrit dans notre mémoire éternelle.

Un rêve : un secret d'ange

Qu'est-ce qu'un Rêve ? C'est un secret que notre Ange nous confie.

Avant de nous confier ses révélations, notre Ange nous parle – et nous prépare – à travers de multiples petits rêves qui sont comme l'ombre de nos Grands Rêves.

Les études neurophysiologiques de ces dernières années ont démontré que nous rêvons chaque nuit beaucoup plus que nous le pensons. Nous avons déjà expliqué que nous rêvons deux à trois heures par nuit et lorsqu'au réveil, nous racontons nos Rêves, il ne s'agit que de reconstructions d'images qui entrent dans nos Rêves superficiels.

Ces découvertes sur l'existence de « grands et longs rêves » vont dans le sens de mon intuition qui me fait écrire que nous avons une autre Vie, celle de notre Ame éternelle. Mais malheureusement, nous ne pouvons avoir conscience et accès à cette Vie au moyen de nos petits Rêves. C'est pourquoi nous devons distinguer nos petits rêves – simples respirations de notre Ame – de nos Grands Rêves qui nous transportent dans l'immensité et l'éternité de notre autre Vie.

La fascination pour le contenu de nos Grands Rêves est intellectuelle et affective. Intellectuelle car il nous faut comprendre le message, et affective car nous ne pouvons nous empêcher d'être émus, impressionnés, troublés par leurs contenus.

Mais à l'instant où une communication a été réalisée, par exemple lors de l'apparition de notre Ange, cette fascination se mue en charme, transe et béatitude.

Nos Grands Rêves ont pour mission de nous faire vivre la Vie de l'Au-Delà, de nous donner, l'espace et l'instant d'un songe, le privilège de vivre la vie de notre âme immortelle. Et c'est alors que nous devenons nous-même une **entité spirituelle** apte à tout comprendre. Place alors au langage de l'irrationnel puisque celui du rationnel ne peut rien expliquer. Même les penseurs l'avouent. « Le paradoxe suprême de la pensée, écrit le philosophe Kierkegaard, est de vouloir découvrir quelque chose qu'elle-même ne puisse penser. »

Car force est d'admettre l'authenticité de la puissance – des puissances – de l'Au-Delà.

Vouloir s'interroger sur leurs mécanismes est aussi prétentieux que de se croire le créateur de l'univers.

Si un jour apparut sur terre, après des millions et des millions d'années d'expérience, un Homo Sapiens, capable de penser et de créer, c'est parce que son cerveau s'est agrandi d'un cortex réparti entre les deux hémisphères cérébraux. Cette programmation corticale n'est pas un hasard. Elle fait partie d'une évolution où le surnaturel a son mot à dire. Ce dernier mot définissant tout ce que les sciences dites exactes ne peuvent expliquer dans l'état actuel de leurs connaissances.

Alors retenons que nos Grands Rêves, qui nous permettent de remonter le temps et de le dépasser, donnent à vivre – ou à revivre – des événements d'avant le cortex lorsque notre Ame éternelle existait déjà.

L'ange-comédien

L'Ange peut prendre plusieurs apparences dans le théâtre des Rêves.

C'est ainsi que dans nos Rêves peuvent apparaître des personnages connus, dont on ne comprend guère la présence. Tel homme de notre univers professionnel, telle femme de notre noyau familial se côtoient, tout naturellement, sans que l'on comprenne pourquoi ils sont là et ce qu'ils ont à dire.

Or, ces personnages connus – et certains peuvent être inconnus –, et il peut s'agir de parents (en priorité mère, père, frère et sœur), d'amis, de personnages faisant partie de notre existence quotidienne (boulanger, banquier, médecin, prêtre, policier, professeur...) sont en réalité des « déguisements » de notre Ange.

En effet, dans nos Rêves, les événements et les personnages se rapportent à notre propre personne. Le Moi n'est pas haïssable dans nos Rêves, si bien que ce qui se passe dans le Rêve intéresse, non pas les « comédiens du rêve » – c'est-à-dire les personnages qui apparaissent – mais le rêveur.

Il est vrai que dans certains rêves, où ils ont cette fois un rôle personnel à jouer, les personnages – parents, amis, partenaires de travail et autres – sont véritablement les personnages en question. Mais au-delà de ces rêves de situations, c'est bien notre Ange qui prend, par exemple, les traits symboliques de notre Mère pour nous parler lorsque notre inconscient est en danger.

Pourquoi ? Comment ?

Parce que notre Ange, en empruntant les traits d'un personnage particulièrement chargé d'affectivité et d'évocations sociales, culturelles, parentales veut nous faire passer un message d'une qualité et d'une densité particulières. Et plus le personnage est chargé de symboles « parlants », plus les apparitions, leurs attitudes et leurs propos, plus les événements qui participent au rêve sont « éloquents » et plus notre Ange a quelque chose d'essentiel à nous dire.

Mais encore faut-il savoir décoder les composantes des symboliques du Rêve afin d'en comprendre les messages.

Prenons un exemple.

Paul est un homme de 45 ans, marié et père de deux enfants. Il est comptable.

Il a, apparemment, aucun problème familial, conjugal, professionnel et financier.

Or, il rêve de sa mère avec laquelle il entretient des relations tout à fait normales, sans conflit et sans exagération, sans attente et sans attache particulières.

Et il se pose la question : « Que vient faire ma mère dans mon rêve ? Elle apparaît ou elle sourit et disparaît. Quel est le message qu'elle veut me faire passer ? »

Autrement dit, pourquoi l'Ange a-t-il pris la forme de la mère de Paul, plutôt que celle de sa sœur, d'une amie, d'une autre personne ?

Plusieurs réponses peuvent être proposées.

Le cordon ombilical entre Paul et sa mère n'est pas coupé autant qu'il y paraît.

Malgré l'apparente autonomie de Paul et son affirmation de parfaite indépendance, l'image maternelle, empruntée par l'Ange, dit que l'inconscient de Paul pressent un danger de trop forte dépendance entre la mère et le fils, ce qui peut nuire à son épanouissement et à son individuation.

Voici une autre explication.

Tout va bien effectivement dans les relations – conscientes et inconscientes – de Paul et de sa mère. C'est alors l'image symbolique de la Mère qui doit être

considérée, associée ou non à une ou à des caractéristiques particulières de la mère de Paul. Il peut s'agir d'un
trait de caractère (dévouement, sévérité, tolérance, optimisme...), d'une spécificité (don, talent,...), voire d'un événement de la vie de la mère de Paul.

Il faut tenir compte également du « contenu psychique universel » révélé par le symbole de la mère.
C'est-à-dire la Mère originelle et ancestrale, commune à
tous les êtres humains. Mère-nourricière, mère-terre,
mère-symbole de sécurité, de chaleur, de tendresse, de
nourriture, d'harmonie et d'amour. Et le message de
l'Ange est à trouver dans la liaison entre l'événement du
Rêve (personnage, situation, propos) et l'existence réelle
de Paul.

TEMOIGNAGE

« Je ne crois que les histoires dont les temoins se feraient égorger » (Pascal)

Les témoignages de personnes qui disent avoir eu des contacts avec l'Au-Delà, avec des « êtres de lumière », avec des personnes décédées... doivent être triés. Il y a en effet plusieurs sortes de « témoins », et donc de témoignages.
Nous avons :

– des témoignages vagues, ambigus, sans signification réelle et authentique garantie ;
– des témoignages de tricheurs, qui ont d'ailleurs été démasqués ou qui seront démasqués ;
– des témoignages de naïfs aveuglés par leur croyance, abusés par leur sensibilité, sous l'effet d'une sorte d'hypnose ou d'hallucination ;
– des témoignages certifiés.

Ce sont ces derniers témoignages qui doivent être pris au sérieux, malgré l'impossibilité pour la science d'apporter des explications.
C'est justement en reconnaissant qu'il s'agit de faits inexpliqués et apparemment inexplicables que doivent être réfléchies et « trouvées » des clés pour l'Au-Delà.
L'intuition, les rêves et les méthodes comme l'écriture automatique, l'hypnose, la télépathie et enfin des facultés paranormales sont des moyens privilégiés pour appréhender les manifestations de l'Au-Delà, ce qui ne veut pas dire qu'il soit possible d'entrer en communication avec des personnes décédées.

Le code de la résurrection

A propos de témoignages de personnes qui ont « côtoyé la mort », le psychiatre Raymond Moody, qui s'est intéressé de très près au sujet, a codifié les neuf critères, qui, d'après lui, pourraient accréditer un témoignage de « résurrection ».

• Le premier critère est une interrogation du genre « Où suis-je, je n'ai pas demandé à être là ? »
• Le deuxième critère est le ressenti d'un état de calme et de sérénité. Pas de souffrance, pas de douleur. Au contraire, un sentiment de joie.
• Le troisième critère est l'impression de « sortir de soi-même ». Il s'agit d'un dédoublement physique qui permet de « regarder son corps ».
• Le quatrième critère est le passage dans un tunnel.
• Le cinquième critère est la rencontre avec des « êtres de lumière ».
• Le sixième critère est la rencontre avec un « être suprême ». Il peut s'agir de Dieu, d'un dieu...
• Le septième critère est le sentiment d'un retour à la vie, accompagné d'une modification des croyances. Le ressuscité ne dit plus : « Je pense qu'il y a peut-être un au-delà... », il affirme avec une foi inébranlable : « Je sais que l'Au-Delà existe, je sais qu'il y a des Etres de lumière... »
• Le huitième critère est une impression d'ascension.
• Le neuvième critère est un refus de revenir sur terre, lié à un sentiment de bien-être.

Acétate de morphine

Quittons quelques instants les explications magiques pour des informations scientifiques. On sait que les visions vécues par les agonisants ont un rôle d'anesthésiant mental. Elles sont provoquées par des endorphines, substances sécrétées par le cerveau et ayant les mêmes effets que la morphine.

Le cerveau, stressé par l'approche de la mort, réagit en sécrétant une overdose d'endorphine qui provoque un état euphorique et un effet analgésique.

On retrouve les mêmes sécrétions à l'occasion d'une extrême fatigue, d'un stress important, à la suite de l'absorption de drogues psychédéliques, et bien sûr chaque fois que des techniques modifient la conscience comme peuvent le faire l'hypnose, le yoga et la méditation.

A MEDITER :

« On se moque des visions et des apparitions surnaturelles ; quelques-unes cependant sont si bien attestées, que si l'on refusait d'y croire, on serait obligé pour être conséquent, de rejeter en masse tous les témoignages historiques » (Prosper Mérimée).

« La vision admirable sera toujours celle qui nous donne l'impression de l'inconnu en s'imposant à notre mémoire comme une révélation » (André Pieyre de Mandiargues).

TUNNEL

Revivre la naissance

Un mot qui revient souvent dans les témoignages des personnes ayant vécu une renaissance est celui de tunnel !

Ce mot désigne un puits, un trou sans fond, un couloir, une vallée sombre, une cage d'ascenseur, une escalier en spirale, un boyau...

C'est surtout la sensation qui est à retenir, sensation d'être attiré et entraîné irrésistiblement à travers un espace clos et obscur qui débouche sur une sortie, une lumière.

Or, le tunnel, ou du moins l'image du tunnel projeté par le cerveau, est une production de l'inconscient collectif. Dans certaines situations – dont justement celle de l'agonie – le cerveau émet des images qui ont pour fonction thérapeutique de calmer les frayeurs de l'agonie.

Les encyclopédies médicales parlent de « visions en tunnel » lorsqu'un champ visuel diminue comme si l'on regardait à travers deux tubes. On sait que certaines drogues comme le L.S.D. ou la mescaline provoque des hallucinations visuelles.

Une hémorragie massive, un grave traumatisme, une opération chirurgicale importante, une déshydratation, une crise cardiaque, une intoxication... mettent le corps en état de choc.

Des symptômes apparaissent alors : pâleurs, dessèchement de la bouche, cyanose de la peau, des lèvres, des doigts, des oreilles, accentuation ou affaiblissement du pouls, dyspnée (difficulté de respiration)... Tous ces symptômes prouvent que le corps lutte contre la mort.

Tout ce qui est râle, sueur, convulsion, hoquet, souffrance... atteste la dernière lutte de la nature contre la mort. Voilà les réactions sur le plan physique.

Or, sur le plan spirituel, celui de l'esprit et de la conscience, il en est de même : le cerveau lutte contre la mort ou du moins atténue les souffrances spirituelles et morales en « sécrétant » des antidouleurs psychiques. Et un de ces antidouleurs est ce que nous pourrions appeler « le remède du tunnel ».

De quoi s'agit-il ?

Le tunnel est le symbole de traversée obscure, douloureuse, inquiète qui – forcément – débouche sur une libération, une lumière, une autre vie. S'il n'en était pas ainsi, l'image ne serait pas celle d'un tunnel mais celle d'une impasse ou d'un puits.

Le premier et inoubliable passage dans un tunnel qui se termine par une libération à « l'air libre » est celui que vit et subit le nouveau-né. Lorsqu'il est expulsé de la matrice et du vagin de sa mère, l'enfant nouveau-né sort d'un tunnel. Il est certain que nous gardons tous le souvenir de ce tunnel et cela selon des degrés tout à fait personnels de souffrance, en fonction du vécu d'avant de naître et du vécu de la naissance.

La vision d'un tunnel et le vécu d'un passage dans un tunnel sont ainsi programmés dans notre cerveau, dans ce que nous pourrions appeler le département inconscient.

Il ne s'agit pas d'une vision réelle ou d'un vécu réel mais d'un scénario dans lequel notre corps et nos organes n'interviennent pas.

Le fantasme du tunnel fait ainsi partie intégrante de l'agonie. Il indique que le corps est en train de se dissoudre et que l'esprit atteint une zone de lumière. Tout cela se fait en un dixième de seconde – j'ai envie de dire à la vitesse de la lumière.

Toutes les religions et toutes les traditions racontent des histoires de tunnels ténébreux qu'il faut parcourir. Ce qui prouve bien que l'apparition d'un tunnel n'est pas le fait d'une seule famille d'initiés mais qu'il appartient à l'universalité des êtres humains.

UNIVERS

Connaître l'inconnaissable

Einstein dit que l'univers, et donc la **réalité** de toute chose, est connaissable.

Or, on sait qu'il s'est trompé.

La théorie quantique, expliquée par un autre physicien allemand, Max Planck, dit le contraire. La réalité n'est pas connaissable. L'espace et le temps sont des illusions.

Autrement dit, nous pouvons être en plusieurs endroits en même temps. Notre existence temporelle est un leurre et notre esprit est incapable de définir de quoi nous sommes faits, d'où nous venons et où nous allons.

Il faut donc repenser la vie et la mort. Il faut utiliser d'autres mots, d'autres concepts et il faut surtout accepter l'idée que nous sommes différents de ce que nous pensons être et que cette différence fait justement de nous des êtres éternels.

Il a été dit qu'il y a dix milliards d'années, **avant le Soleil et la Terre**... il n'y avait rien.

Or, on sait maintenant qu'il y avait d'autres soleils comme le nôtre.

Cela se passait il y a dix ou douze milliards d'années. Des étoiles géantes, en explosant, ont projeté dans l'espace des matériaux qui ont servi à fabriquer des étoiles, des planètes, notre Terre.

Il a été dit aussi qu'avant ces **dix ou douze milliards d'années**, il n'y avait rien.

On sait également que c'est faux. En effet, les physiciens sont remontés jusqu'aux limites observables du temps. Ce moment est appelé le Mur de Planck. Les physiciens n'ont rien retrouvé derrière ce mur. C'était à une époque où l'univers, terre comprise, était contenu dans une tête d'épingle. La température était de 10^{32}°C, c'est-à-dire un/UN suivi de trente deux zéros.

Or derrière ce mur de Planck se cache un « autre chose » que nous ne pourrons pas connaître, semble-t-il, par la science, par la physique et par le rationnel.

C'est maintenant que la question essentielle se pose : « Si ce n'est pas connaissable, comment peut-on affirmer qu'il y a quelque chose ou qu'il n'y a rien ? »

Une nouvelle réponse a été donnée. En effet, derrière ce mur – autrement dit avant l'apparition de l'univers –, il y avait une réalité qui pour notre conditionnement intellectuel est inimaginable. Un espace temps que l'esprit humain ne peut comprendre avec ses fonctions rationnelles et analytiques. Cet espace temps est inversé si bien que le passé devient l'avenir.

Au-delà du néant

L'univers est un océan d'énergies éternelles et infinies. Il n'y a donc pas de commencement « par enchantement », comme il n'y a pas de néant.

L'énergie ou les énergies en question sont mystérieuses, toutes puissantes et parfaites. Seules l'intuition et des facultés irrationnelles permettent d'approcher d'une vérité susceptible d'expliquer ce mystère.

On pourrait penser que ces forces sont complètement anarchiques puisque tout brûle, tout explose... et que c'est vraiment le **hasard** qui manipule ces énergies premières.

Mais il n'en est rien car il n'y a pas de hasard à ce niveau. Les forces sont organisées avec minutie. Elles sont programmées pour recréer la vie et les radiations portent en elles-mêmes des informations. Celles-ci décident des bombardements cosmiques, du choix entre l'inerte d'un caillou ou le vivant d'un papillon. Car les particules de l'un et de l'autre sont identiques ; la différence réside dans la structure des molécules.

Mais une nouvelle question s'impose : « D'où viennent ces **forces** ? »

La réponse est simple : les lois qui régulent ces forces sont inconnues et resteront inconnues tant que l'on voudra les comprendre par la raison raisonnante et raisonnable.

La force noire

De nos jours, des astrophysiciens disent que notre galaxie est entraînée par une force inconnue extrêmement puissante. Quelle est donc cette force qui bouleverse la théorie de l'expansion de l'univers ? Il est vrai que la compréhension de la manière dont évolue l'univers est remise en question par la découverte de « quelque chose », qui exerce une traction extraordinaire sur notre système solaire, et sur les autres.

Il s'agit une force invisible tellement gigantesque qu'elle échappe aux théories actuelles. Cette force viendrait d'une matière appelée « matière noire ». L'univers avec la voie lactée qui, rappelons-le, réunit cent milliards d'étoiles et les galaxies, dérivent dans une direction qui n'est pas celle que l'on croyait et à une vitesse de l'ordre de 680 kilomètres/secondes. La force qui attire ainsi l'univers, viendrait de loin, environ 300 millions d'années-lumière.

Cette « force noire » invite à des réflexions.

L'éternel retour ou le cycle infernal

L'univers, appelons-le le cosmos, n'a pas de commencement et n'a pas de fin. Voilà qui est insoutenable pour l'esprit cartésien de l'homme. Toute la problématique de la pensée humaine réside dans l'acceptation qu'il n'y ait pas de limites au cosmos. Cette assertion rend fou car elle est contraire aux exigences définies de la logique déductive humaine.

L'univers se dilate, se contracte, s'éparpille, se concentre, explose, fuit, évolue, s'évapore, se condense, irradie, s'arrête, repart... et éternellement !

Pendant des milliards d'années, des milliards de terres – comme la nôtre – naîtront et disparaîtront. Une idée de cycle – d'**éternel retour** – découle de cette perpétuité. En effet, puisque tout est perpétuitif, selon une programmation géniale, qu'il ne faut surtout pas essayer de démonter avec nos fonctions intellectuelles rationnelles, il semble évident que notre vécu sur la terre – avec ces grandes dates événementielles – ait une duplication de tranches de vie d'avant et une préfiguration de tranches de vie d'après.

Chaque vie de chaque être humain est un souvenir et une vision.

A MEDITER :

« Votre corps est une parcelle de matière que le ciel et la terre vous ont confiée. Votre vie n'est pas à vous : c'est une partie de l'harmonie cosmique que le ciel et la terre vous ont confiée » (Lié-Tzu).

« L'effort consenti pour comprendre l'univers est l'une des rares choses qui élève la vie humaine au-dessus de la farce et lui confère un peu de la dignité de la tragédie » (Steven Weinberg).

« Rien n'ayant été créé, rien ne pourra jamais être créé. L'univers ne pourra jamais être augmenté ou diminué. Ce qu'on lui enlèverait ne le quitterait point, ce qu'on ajouterait serait déjà en lui » (Maeterlinck).

« L'univers matériel n'existe que dans l'esprit » (Jonathan Edwards).

« La peur cosmique est certainement le plus créateur de tous les sentiments primordiaux. L'homme lui doit les formes et les figures les plus mûres et les plus profondes, non seulement de sa vie intérieure consciente mais aussi des reflets de cette vie à travers les œuvres innombrables de la culture » (Oswald Spengler).

« Il y a un univers véritable, et il y a l'ensemble des choses visibles qui est à l'image de cet univers. L'univers réel n'étant rien, car il n'y a rien avant lui ; mais les choses qui viennent après lui, s'il doit en exister, sont nécessairement en cet univers puisqu'elles dépendent entièrement de lui et puisqu'elles ne peuvent être sans lui, ni en repos, ni en mouvement » (Plotin).

VIE

« La vie est un court exil » (Platon)

A la question quelle est la définition de la vie, voici la réponse des théoriciens physico-chimistes, des scientifiques purs et durs, les hommes de laboratoire, naturalistes, existentialistes, marxistes, scientistes... : la vie résulte d'un mouvement momentané de matériaux ayant subi, par hérédité, un certain arrangement. Et il n'y a aucune raison de croire que la personnalité d'un individu peut exister en dehors de son mécanisme structural dont elle n'est que la synthèse actuelle.

Une définition de la vie scientifiquement caricaturale est donnée par un homme de Laboratoire Le Dantec « Joseph Joséphait ; on lui a tranché la carotide, il s'est vidé de son sang et maintenant il ne Josèphe plus... »

VIES ANTERIEURES

Le retour aux sources

Pour **retrouver ces vies d'avant**, il faut être visionnaire.

C'est-à-dire être capable de découvrir des choses qui
ont existé ou qui existeront et qui sont inaccessibles aux
esprits trop concrets, rationnels et, pourrait-on dire, ordinaires.

Il y a plusieurs façons d'être – et de devenir – visionnaire.

* En inventant un ou des univers qui n'appartiennent
qu'à soi.

En ce sens, toute personne qui s'imagine ses vies
d'avant et d'après selon son optique propre et ses images
personnelles, est visionnaire. Cet univers sera une forma-
tion imaginaire, stylisée et embellie selon ses propres
désirs.

* Un autre façon d'être visionnaire est de pénétrer
dans les mondes irrationnels au moyen de méthodes
appropriées.

Les voies qui permettent d'accéder à ces mondes
irrationnels qui comprennent les vies avant et après, sont
les voies mystiques et religieuses, celles du rêve, celles
de l'inconscient et du surnaturel, la voie de l'intuition et
enfin celle de l'occultisme.

Parole de mystique :
« Plus je te trouve, plus je te cherche... »

Il est également possible de faire « un retour aux
sources » par la **voie du mysticisme**.

Il est possible de remonter le temps et d'avancer le temps par la voie du mysticisme.

En effet, croire en la possibilité d'entrer en contact par une union directe et intime avec un dieu – et quelque soit son nom – permet de sortir du présent et de contempler des autres mondes en attendant d'y pénétrer et d'y vivre.

Contempler voulant dire acquérir des connaissances et trouver au-delà des apparences des réalités essentielles et absolues.

Pour acquérir ces connaissances, il faut accepter de se laisser porter par la toute puissance d'une foi. Il faut faire taire la logique et la raison raisonnante qui sont en nous. Il faut se laisser porter par les appels de la sensibilité, de l'imagination et de l'intuition.

C'est en cherchant à entrer en contact avec Dieu ou un dieu, sans se laisser décourager par la critique des bien-pensants et en se méfiant des faux prophètes et des apprentis sorciers qui prêchent pour leur paroisse, qu'il est possible de pénétrer dans ces mondes inconnus.

Bien sûr, il faut un état de réceptivité qui permette de comprendre les messages divins et sacrés. Cet état de réceptivité est la conséquence d'une existence terrestre faite de « passivité harmonieuse » plutôt que d'enthousiasmes agressifs. Il est le résultat d'une culture religieuse, psychologique, poétique et philosophique.

Souvenirs, souvenirs !

Une question se pose : avons-nous tous eu des **vies antérieures** ?

Il semble que la réponse soit « oui », mais encore faut-il bien définir les mots « vie » et « antérieure ».

D'autant qu'il est difficile, voire impossible, de raconter ce qui a été vécu pour parfaitement expliciter « ce qui se passe avant » !

Et cela pour plusieurs raisons :

Parce que les mots normaux du langage courant sont

insuffisants pour, non pas expliquer l'événement, mais décrire l'intensité des émotions et des sentiments.

En effet, y a-t-il des mots de notre vocabulaire qui puissent définir la lumière, l'amour et la sérénité qui sont ressentis ?

Il n'y a pas de mots ou d'expressions de référence dans le vécu ordinaire. D'autre part, raconter avec enthousiasme et conviction un événement et une émotion surnaturels n'est pas sérieux pour ceux qui ne les ont pas vécus. Alors pourquoi confier des bouleversements intérieurs à des personnes qui risquent d'être sceptiques, voire ironiques. D'autant que ces expériences extraordinaires ne les concernent pas et ne les intéressent pas – a priori.

Enfin, des événements vécus restent personnels. Il y a certes un fond commun et universel fait d'images, de personnages, de lieux « archétypiques » – c'est-à-dire mémorisés dans l'inconscient collectif – à toutes les expériences. Mais les scénarios sont différents selon le sexe, l'âge, la race, la religion, le milieu familial et social, la culture...

Les mots pour le dire...

Certains mots reviennent toujours dans les témoignages des personnes ayant vécu l'expérience de la vie antérieure. Cela pour deux raisons.

La première est que l'expérience de mort et de renaissance est consécutive à des accidents et à des incidents « mortels ». Le mental de ces personnes est donc celui d'un « agonisant ». Or, les phénomènes physiques qui accompagnent une agonie, notamment des productions de morphine, sont identiques pour tout le monde.

La seconde raison vient d'un mécanisme, a priori involontaire, d'un mimétisme.

La personne qui a vécu ou qui pense avoir vécu, ou même qui voudrait avoir vécu et qui « fait comme si »... une expérience de ce type a besoin de références. Elle imite donc – en tout bien, tout honneur – le langage, les idées, le comportement, la fantasmagorie des personnes qui représentent des modèles.

Il s'agit d'un mimétisme psychologique qui finit par persuader que l'on a vraiment vécu ce que l'on imite.

Est la question est : faut-il croire tous les témoignages des personnes qui disent revenir d'une vie antérieure ?

Il est vrai que des personnes profitent – et ce mot n'est ni méprisant ni péjoratif pour les personnes de bonne foi – de circonstances dramatiques, qui peuvent être un accident, une maladie, un traumatisme..., pour témoigner d'expériences « aux frontières de la mort ».

Dans leurs témoignages, ces personnes parlent d'endroits idylliques, de rencontres avec le Christ, d'apparitions d'anges gardiens, de connaissances de savoirs secrets, de dons de guérisons, de sixième sens... Ces personnes parlent également de guides avec lesquels elles entrent en communication télépathiques. Toutes ces affirmations sont sujettes à caution pour trois raisons.

La première est que ce qui est raconté – on pourrait écrire, ce qui est imaginé – n'est absolument pas contrôlable.

La deuxième raison est que les personnes qui disent avoir vécu ces événements sont souvent en état de choc ou en dépression.

La troisième raison est qu'à l'instant où l'on associe au vécu réel des données mystiques et religieuses – par exemple, la vision de la Vierge Marie ou du Christ, des propos avec des anges...– la foi, en l'emportant sur l'esprit critique, fausse le témoignage. Il ne s'agit plus alors de vérités mais de « névroses religieuses », à l'instar de nombres d'hallucinés.

Certains auteurs disent qu'il est possible de réussir sa vie au présent en « lisant » nos vies antérieures. Celles-ci étant des sources intarissables d'informations pour nous permettre d'agir et de vivre conformément à notre destin. Cette conformité étant le gage de réussite et de bonheur.

La lecture – et relecture – de nos vies antérieures étant possible par des techniques secrètes.

Sans insister sur le côté charlatanesque et purement commercial de la vente de ses techniques secrètes, disons qu'il est vrai que nous avons en nous des vérités. Il s'agit plutôt de lignes de vie et de conduite qui peuvent faire l'objet d'explorations et d'analyses. Nous avons tous en nous notre formule pour réussir notre vie et il n'est pas besoin de plonger dans nos vies antérieures pour connaître ce qui nous fait plaisir et ce qui est favorable à notre bonheur quotidien.

Rappelons que personne n'est revenu de l'au-delà pour dire la vérité. Des auteurs imaginatifs et sans scrupule peuvent fort bien vendre des techniques pour remonter dans nos vies antérieures puisqu'aucune confrontation ne pourra être faite. Des auteurs prétendent, par exemple, pouvoir remonter dans nos vies antérieures au moyen de l'Astrologie ou des cartes du Tarot. Ces deux méthodes ne permettent pas de remonter dans le temps mais sont tout à fait adéquates pour activer l'imagination et l'intuition d'auteurs créatifs et de consultants influençables. En revanche, il existe d'autres méthodes plus personnalisées comme les rêves, l'écriture automatique, l'hypnose... qui permettent d'obtenir des indices sur d'éventuelles vies antérieures.

Cet ouvrage a été réalisé par la
SOCIÉTÉ NOUVELLE FIRMIN-DIDOT
Mesnil-sur-l'Estrée

Imprimé en France
Dépôt légal : mai 1997
N° d'édition : 97051 – N° d'impression : 37760
ISBN : 2-73820-993-9
335993-2